我的青春我的梦

全国中学生校园美文精品集萃丛书

卷帘人在否，原来是，海棠依旧

从寂寞中开出花来

《作文与考试》杂志社 选编

时代文艺出版社

图书在版编目（CIP）数据

从寂寞中开出花来 /《作文与考试》杂志社选编. —长春：时代文艺出版社，
2018.8（2023.6重印）

（"我的青春我的梦"全国中学生校园美文精品集萃丛书）

ISBN 978-7-5387-5700-2

Ⅰ. ①从… Ⅱ. ①作… Ⅲ. ①作文－中学－选集 Ⅳ. ①H194.5

中国版本图书馆CIP数据核字（2018）第004067号

出 品 人　陈　琛
产品总监　郭力家
责任编辑　李荣釜
装帧设计　李　斌
排版制作　隋淑凤

从寂寞中开出花来

《作文与考试》杂志社　选编

出版发行 / 时代文艺出版社

地址 / 长春市福祉大路5788号　龙腾国际大厦A座15层　邮编 / 130118

总编办 / 0431-81629751　发行部 / 0431-81629758

官方微博 / weibo.com / tlapress

印刷 / 北京一鑫印务有限责任公司

开本 / 700mm×980mm　1 / 16　字数 / 153千字　印张 / 11

版次 / 2018年8月第1版　印次 / 2023年6月第5次印刷　定价 / 34.80元

图书如有印装错误　请寄回印厂调换

编 委 会

目 录

001

长留在心底的风景

旋转木马没有老去

赴一场光阴的邂逅

从寂寞中开出花来

　　花儿静静地沐浴在清新的空气中，这该是怎样的一片空气啊！它夹杂着鲜嫩树叶、潮湿泥土的芳香，它是一种能唤起你对于暖融融的春天、对人生美好回忆的气息。心在花间散步，眸在花间旅行，环绕自己的都是幽幽花香，弥漫空中的都是柔柔感悟。几丝细雨轻敲花瓣，"自在飞花轻似梦，无边丝雨细如愁"，我眼角的，究竟是泪，还是雨？

生命的原色

谢　然

脑筋急转弯：一条毛毛虫如何横渡一条没有桥梁的河流？

生命的安详

　　表哥坐在电脑前专注地厮杀着，他正在他的《传奇》游戏里横扫千军。他刚才还在专心地做他单位的报表。他不知道我站在他旁边。厨房里传出姨妈的声音："叫哥哥吃饭了！"表哥依然执着于他的厮杀。我拍拍他的肩膀，他扭过头，对我笑。我把左手伸到嘴边，手心做出一只碗的样子，右手掌弯成一只勺子，勺子从碗里舀饭。他明白了，冲我摆摆手，指着饭桌，意思是叫我先去吃饭，他马上就来。

　　母亲说要介绍她的一名学生给我认识，她有一个很美好的名字——安琪。她很清秀，眸子明澈得像一泓清泉。"安琪爱读书，也读过很多书！她现在是我们学校有名气的小作家了！"妈妈说。安琪只是羞涩地笑笑，微微低下了头。我一见面，就喜欢上了她。

　　我和表哥在小区花园里遛着他的狗儿。这是一只两岁大的可卡，温顺、乖巧，长长的耳朵贴着眼睛，而它的眼睛会说话。现在的它一刻也不安闲，闻闻这棵草，嗅嗅那朵花。它是表哥的好伙伴，是表哥的网友送给他做伴儿的。表哥对它可真是呵护有加，关怀备至。它对表哥也是忠心耿耿，在表哥失恋的时候，陪他挺过了那段失落的时光……狗儿看到了一只蝴蝶，蝶儿在恋花呢，狗儿在追着蝶儿玩。

生命的原色

姨妈做了一桌丰盛的菜。我、母亲和姨妈一家一边吃一边谈笑，表哥时而埋头"苦"吃，时而抬头看到我们的笑脸也高兴地赔着笑。他吃得很快，吃完了，他冲我们摆摆手，意思是让我们慢点儿吃，他坐沙发上看电视了。他的狗儿体贴地趴在他的身边。电视声音开得很响，把我们的说话声音都盖住了。姨夫走过去，在表哥面前举着手，掌心相对，从离耳朵约二十五厘米的地方慢慢向耳朵贴近。表哥点点头，把电视声音调小了。其实，电视声音无论多大多小，表哥都听不见——他天生是个聋哑人。

窗外阳光明媚，我对安琪笑笑，说："我们出去走走？"她的脸又悄悄地红了，小声说："好的。""慢点儿走！"母亲叮嘱我。安琪走得很慢，步子迈得很不协调——我这才明白了母亲的叮嘱。我伸手去扶安琪，安琪微笑着拒绝了，她轻轻地说："我能行！"母亲告诉过我，她出生时难产，导致大脑缺氧，她是一名"脑瘫"患者。

蝶儿有些奇怪！那么多色彩艳丽的花朵，它不去追逐，偏偏只停留在素淡的花儿上。我想，莫非这只蝶儿"志趣高雅"，对一些"庸脂俗粉"不感兴趣？忽然想起生物课上老师说过的话：终其一生在姹紫嫣红中穿梭的蝴蝶，原属色盲！

生命的美丽

表哥回到电脑前，继续做他的报表，还时不时和QQ上的网友们说几句闲话，同时也在淘宝网上推销他的"DIY电脑"。表哥在元平特殊学校毕业后工作三年了，自修了电脑软硬件技术，考了厚厚的一沓证书。他累了，就玩玩游戏调节一下大脑。他输了，总是笑笑，并不放在心上。姨妈一家守着表哥这么一个残疾儿子，安贫乐道地过日子，生活恬静而美好。

我和安琪慢慢地走到大树下，我们一路上说着小女生的话题，也谈论学业，交流我们对共同读过的书的看法。她的见识给我很多启迪。母亲跟我说过她的故事：安琪的父亲想再生一个健康的孩子，还想着这孩子长大后，也可以照顾安琪。但她的母亲却有不同的想法。她母亲认为，多一个孩子，会冲淡他们对安琪的爱；何况，那个孩子带着沉重的使命来到世间，对他（或她）也不公平；安琪虽然残疾，但做父母的可以培养她把自己照顾好……安琪的父亲被说服了——他们夫妇俩共同努力，把安琪培养得像个真正的天使……

看过一篇文章，说一只丑陋的毛毛虫深知自己的生命里孕育着一只美丽的蝴蝶，一颗微小的种子里深知自己的生命里萌发着一棵大树，一个懂事的孩子深知自己平凡的生命中蕴藏着卓越——他们都不屈不挠地向着生命的美丽进发。又想起那个有趣的脑筋急转弯：一条毛毛虫如何横渡一条没有桥梁的河流？答案是：变成蝴蝶飞过去！多么神奇呀！这就是生命，美丽的生命！

这更是美丽，生命的美丽。其实，世界上的每个生命也许都有这样那样的残缺，但这并不是影响生活的神奇与美丽。不管命运于每个人是否公平，但是每个生命中的美丽，始终公平。

脚 之 印

沈 聪

脚印，是每个人独一无二的痕迹，那是每个人生命的印章，没有印泥，印下的，是人们一生的履历。

文人，流水古琴一般的清雅，孤松寒梅一样的高洁，他们的脚印刻在了史书中一行行沉甸甸的文字间，留在了代代百姓口口相传的诗行停顿的间歇里。古老，却焕发着生机……

苏轼的《东坡》，"雨洗东坡月色清，市人行尽野人行。莫嫌荦确坡头路，自爱铿然曳杖声。"一串清脆作响的脚印，就这样响在世人的心里了。东坡是不屑于时人之路的，不愿将自己的脚印混在市人纷杂的足迹中，于是便等待着，等那月挂中天的时刻，等月光盖住路人日间留下的脚印，才浅笑着走上他人抱怨嫌恶的坑洼小路。无人伴在身边，只有那可爱的竹杖与石子相击而成的铿然声响，与身后那一行盖在他人脚印之上、映着月光的闪烁足迹。

而秦观的《踏莎行》，则是"雾失楼台，月迷津渡。桃源望断无寻处"。被编管横州的诗人，行旅于途，路经郴州，便不可避免地想到了陶渊明的《桃花源记》。黄发垂髫并怡然自乐的日子，阡陌交通、鸡犬相闻的乡村，不应就在此处？而被雾锁住、被月迷住的诗人，却是"桃源望断无寻处"。"郴江幸自绕郴山，为谁流下潇湘去？"在让自己的脚印印满渡口、踏遍楼台后，无奈的诗人也只能发出如此无奈的叹息。

"凌波微步，罗袜生尘。"曹植的《洛神赋》可谓写尽了脚步之美，步法之曼妙。是的，"仿佛兮若轻云之蔽月，飘摇兮若流风之回雪。"洛水之上的洛神，那一步步舞步大概是印在了曹子建的心里吧？而追随着洛神"动无常则，若危若安。进止难期，若往若还"的脚步的诗人，也一定是欢乐得手舞足蹈，难道，他不是在这些脚印之中完成了这首千古绝唱，留下了一代诗名？

"路漫漫其修远兮，吾将上下而求索"，脚印里蕴藏着屈原对真理不懈地追求；"柔情似水，佳期如梦，忍顾鹊桥归路"里的脚印是牛郎织女鹊桥上的徘徊不舍。"走自己的路，让别人去说吧"里的脚印又是哲人智者思想的见证。

大地是稿纸，脚印是诗行，人人都在用自己的脚印，写着自己的人生史诗。大地是诗行，脚印是印章，人人都在用自己的脚印，印下自己一生的痕迹。

千万个人，千万条路，千万双脚印。那么，什么样的字体，是你的脚印所篆刻的？什么样的历程，是你的脚印所拥有的？

人生的漫漫长路，你选择留下什么，做最好的脚印？

止 水 留 痕

熊可歆

当雨停息，笑靥凝固，泪痕干涸，欢歌消散，悲愁静止，光芒黯淡，阴云迷失，是会有一丝情愫，逾越快乐、哀愁、愤怒、迷惘、无奈、恐惧，是会有一种表情叫作毫无表情，是会有一种语言称为无动于衷，是会有一泓深水褪去最后一丝水纹，是会有一域水面如镜面般光滑、沉寂。

但，哪儿会有这样的时刻，哪里会有止水无痕？无法做到恐怕因为根本就不存在罢了。无止水，也就没有什么能如止水了罢。

再细微的感触，也会留下痕迹啊，就如止水也会留有波纹。水因为所爱的风而波动，心因为来了心情而汹涌。风离去时，情消散时，心怎能如初般平静？终会留下风划过的痕迹。

秋水凉如冰，昨日旖旎，今宵冷寂，其实是心头有太多沉积。夏日午后激情澎湃的翻腾与蒸发，其实是害怕想起，徐风过后心底刺痛中还留有些许暖暖余温……

无法禁锢自己的思想，无法忽略曾经的徘徊，肩并肩，手牵手，却是世界上最遥远的距离。水想念，想念的却早已不是那缕风，只是曾经的感觉。水与风，擦肩只在一刹那，因为水早已明白，风只能带走她些许的气息，然后在跋涉中慢慢忘记。水只能在地表漂流，而风却在空中飘逸。所以，在风追逐时，她只是一再地逃避，拉开最远的距离。却从此开始想念，想念风的耳语低吟，想念风的无影无形。无形的风中，是否曾留下过自己的泪痕？

从水龙头里奔出的水流有着金属的质感。柔美不再，却有了些硬硬的刚强。就像恨因爱而变得深刻，爱因恨而获得重生。水依然是水，却比钢铁更加坚硬。

水曾以为爱恨是截然不同的温度。恨过以后才明白，爱恨本是同位素，一样刻骨铭心。其实对水，又何尝有爱恨？风过心窗，只是依恋罢了，只是不舍罢了，只是困惑罢了。又何尝会有没齿难忘？烟消云散，雨过天晴，无骨之水只留下隐隐的痛。

痛过之后便恢复平静了。平静中可以随遇而安，可以随波逐流，可以任意选择自己的形态，或方或圆，亦圆亦方，方圆之间又是怎样的轮回？也许恬静，也许喧嚣，是的，可以随遇而安，今日以虫蚁为伴，明朝与草木相依。

总会有什么留下游丝般的痕迹。爱过了，恨过了，痛过了，放弃了，忘记了，终归于平静了。

止水也会留痕，水纹点点，是一道道、一圈圈闪光的弧线。没有风，水在平静的日子里有时也会为那曾经的风，一遍遍地翻阅曾经的游丝缕缕的波痕。

这就是幸福

沈　沐

仲秋的风，低低地在窗棂边旋舞。

阳光，出奇得好。

我拉开书橱那两扇冰冷的玻璃门，"嗒"的一声，阳光被折到天花板上，晃着金色的光圈，像鱼游在梦里。

我闻到那些书的香味，立刻激活了浑身所有幸福的细胞，它们是我的，我的精神食粮。

任意地取出一本书，倚着窗棂，沐着清风，我却望见那个女子寂寞而渴望的眼神。天一阁前，她惆怅地孑然伫立，钱绣芸，那个嗜书如命的大家闺秀，为了读遍范家"天一阁"内的书，嫁到范家。却因为是个女子，连阁前那把清冷的大锁也碰不得。

我读着她的故事，看见秋风里冷寂的天一阁，那里藏着钱绣芸梦寐以求的幸福，而她，却被无情地隔在千里之外。

清风翻动手中的书页，阳光铺在这本叫《天一阁》的书上，我像突然记起了什么。

转身。

我抱来橱里所有的藏书，那些曾给予我无限快乐的源头。一本一本，小心翼翼，将它们摊在阳台上，展开。

我看见所有的书在阳光的抚慰下伸着懒腰，打着呵欠，被秋风指挥出"啦啦"的歌声。每一个铅字都欢快地跳跃起来，幻化成七彩的霓裳，飘逸的彩带，翩飞的裙裾，撒开宽大的水袖，踢开精致的摆角。我伸出手，抚摸那每一张熟悉的面孔，双手仿佛浸入丽日下的深潭，抚过蓝田生烟的暖玉，滑过柔软艳丽的雀翎，掠过千年的积雪。我听见心如莲花怒绽，幸福的花苞"啪啪"地绽开，那一瞬，我的心头溢满了无尽的满足与愉悦。琥珀色的蜜糖在心尖融化，浸入每一寸渴望的肌肤。

　　谁说幸福只可以是物质的给予，精神上的幸福才是人一生无尽的宝藏。书籍带给我的幸福，不是拥有，而是付出，我所付出的时间与精力带给我的，是双倍甚至十倍的幸福。它像地下绵延的溪水，细小但永不干涸，在我的心灵干涸时，化做甘霖，湿润着，教诲着。

　　我倾听着自己的幸福，突然明白钱绣芸望穿秋水的渴望，我看见那个在秋雨中瘦小的身影，被封建社会的残酷抽干了灵魂，空乏而幽怨。

　　于是，我又庆幸自己生活在这样的阳光下，虽然是女孩儿，却仍能用知识充实自己的幸福。

　　我望着眼前的书——那些属于我的幸福，幸福地笑了。

　　仲秋的风，低低地在窗棂边旋舞。

　　阳光，出奇得好。

游 荡 天 空

申梦怡

我第一次遇到孙悟空，是在花果山。

那时，他还不是本领高强大闹天宫的齐天大圣，也不是唐僧手下尽失锋芒的大徒弟。我坐在水花四溅的瀑布旁，看着他站在高耸入云的山崖上，崖下是许许多多正在操练的小猴子。我望见他桀骜地挑起细长的眉，阳光的碎片落到他手上的金箍棒上，泛起一层淡淡的光晕。我觉得他就好像一个喜欢四处惹事的孩子，幼稚地想掌控这个不属于他的世界，想要颠覆一切生命的束缚。

后来，我和他成了兄弟。

记得结拜那日，我们七个一起跪在香案前，指天发誓。我扭过头去看他，我看到他的眼神里充满了狂妄和刚毅，还有几分少年不知愁滋味的快意。在我们当中，他排行老七，我排行老大。

他叫我"牛大哥，牛大哥"。

从一开始我就知道，悟空和我们不是一类人，他总是想别人不敢想的，做别人不敢做的，因为，他只是个孩子，他想让天庭成为他一个人的玩具。我阻止不了他的念头，他就好像一支自由自在的飞鸟，拥有那种独自翱翔在苍穹上的勇气和力量。

不久，五百万天兵受了玉帝的命令来捉他，浩浩荡荡，一个个笔直地站在花果山的山腰上，如同快要决堤的洪水。他气宇轩昂地伫立在绣着"齐天大圣"的黄旗下，一抹雾气朦朦胧胧地笼罩着他的脸颊，让我看不清他的表情。我忽然记起前几天他在我的洞府里喝得酩酊大醉，他带着忧伤而愤恨的笑，对我说，"牛大哥，我不甘心，我不想屈辱地伏在玉帝的脚下，我要做这个世界的王。"

在那场惊心动魄的战役里，我和其他五个兄弟都受了伤，他望着我们身上一道又一道的伤口，泪就轻轻涌了出来，不着痕迹地融入他柔软的毛发里。他紧握住手中的金箍棒，眸子中闪烁着星星般明亮的光芒。他死死地盯着被血染成褐色的泥土，说，"我去给你们报仇！等我回来。"

可是，我们谁都没有等到他回来，如来把我们的小弟弟压在了五指山下。我们不敢去想象青苔爬满了他那张放肆的脸的样子，也不敢去五指山下看他一眼，我害怕他早就在那座法力无边的山下，幻化成了一块坚硬的石头。

几百年的时光飞逝而过，我儿子也已长到当时他的年纪，我经常从儿子身上看到他的影子。寂寞的、绝望的、猖狂的、失落的，他的面容总是那么模糊，带着一丝淡淡的让人无法察觉的忧伤。我背手站在仿佛被雷劈过的山巅，潸然泪下。

四弟说，人生所经历的一切，皆有因果，因果无尽地循环，反反复复，命运的转轮始终让人无法琢磨。

儿子洞中的小妖张皇地跑来，哭着对我说："大王，少主被观音菩萨带走了。"我惊得半晌说不出话，急忙问："怎么回事？！"小妖口吃着："少主要吃唐僧肉，他的大徒弟是五百年前大闹天宫的齐天大圣，少主不敌，被观音收服，当了善财童子。"这是我这么多年来第一次听到别人说起他的名号，他竟然做了唐僧的徒弟？！我不想相信，也不肯相信。

那天，天很冷，还下着小雨。

他昂首站在我的洞门口，他说："牛大哥，好久不见。"

我的心像刀劈一样难受。他甘愿为唐僧拔去他周身尖锐的刺，褪去盘绕在他头上的光环。也许，他是要用另一种方式去赢得这个世界，一种不会流血的方式，一种不会让他心痛的方式。

"大哥，能借用一下嫂子的芭蕉扇吗？"他不再是那个做事冲动的孩子了，不再是躲在我们身后的小弟弟了，他长大了。

"借扇子做什么？"我转过身望着如血的残阳。

"小弟保唐僧西行取经，路经火焰山，唐僧肉体凡胎，只怕还未接近便被烤熟了吧。"他轻笑两声，光在他的眼睛里巧妙地过渡。"嫂子不愿借，说我把你家孩儿送给了观音，所以大哥能否……"

我伸手止住他的话头，我知道，悟空的心早已死在了五指山下，我们再也不会回到从前的岁月。

"想借扇子，先过了我这一关。"我提了提混铁棍。他从耳朵里掏出金箍棒，低着头，默默不语。

是我留了情吗？还是他拼尽了全力？我们从日落一直打到天色开始发白。他的棒法比过去更加纯熟，没有一丝一毫的破绽。我渐渐有些力不从心，他也显得筋疲力尽，他念着口诀召来了许多天神将领，他们举着各式各样的武器，把我围在了中间。我看见悟空眼中涌出如巨浪一般的哀伤。

我最终还是败了，不是败给了来势汹汹的天兵，而是败给了他深藏在眼底的那一缕悲凉。

他拿着芭蕉扇，挂着幽幽的微笑，去拜谢前来助阵的天神。哪吒的剑已经抵住了我的咽喉，我闭上了眼睛，我不愿意看着他对人颔首低眉的模样，在我心里，他始终是那个霸道得不可一世的齐天大圣。

"大圣，这个妖物怎么办？"

四周静得可怕，只有落叶缓缓坠落的声音。

"放了吧。"他叹了口气，轻轻一个筋斗越过了山涧，不见了。

没过多久，天开始下起瓢泼大雨，我想，那是他用扇子招来的雨，火焰山上的火一定已经烟消云散了吧。我飞上云端，远远地看见他孤独的背影。雨斜斜地打在他的身上，他回过头，看着焦黑如碳的火焰山，一动不动，似乎变作一尊雕塑。一瞬间，我又从他的目光中找到了从前叱咤风云、令三界都为之震颤的美猴王，那个狂放的、强大的同时也稚嫩无比的美猴王。

我笑了，我们最终没能逃过命运的轨迹。

天边，出现了一道雨后清新的彩虹。

长 安 如 诗

陈泽妍

  浑朴的钟声击破沉睡的都城，古韵古香点染了退却铅华的日月。长安，秦砖汉瓦的沧桑之容，暮鼓晨钟的浩然之气，香车酒肆的半酣之意，美人如花的相思之情，就在这迷蒙的目光中、晃动的烛影中，化为一首令人齿颊留香、回味悠长的诗。

  "秦中自古帝王都。"恢宏壮阔的兵马俑，气势巍峨的大明宫，典雅隽秀的长生殿都在吟咏着一首首流传千古的帝王之诗。尘封的红漆柱、碧绿的琉璃瓦映着历史的灯盏向我们诉说，诉说秦始皇"子孙万代永为帝"的誓言；诉说汉武帝雄才大略的气魄；诉说唐太宗励精图治的情景。

  向东望去，是黄河之水奔流而下，一去不返；向西望去，那是一条比黄河更伟大的河，是一条开放之河，一条沟通之河，一条友谊之河——丝绸之路。它让长安成了世界经济文化交流的中心，让说着不同语言有着不同肤色的人们拥抱握手，是它为大汉赢来了一个黄金时代，为它的起源地——长安赢来了几百年的盛世繁华。

  骊山的晚霞，灞桥的柳絮，染红了多少名士先贤灿若星辉的智慧思想？拂尽了多少古代文人骚客风花雪月的浪漫情怀？曾经笙歌不夜城，阅尽长安遍地诗。"长安大道连狭斜，青牛白马七香车。玉辇纵横过主第，金鞭络绎向侯家"是长安永不落幕的繁华；"漠漠轻阳晚自开，青天白山印楼台，曲江水满花千树，有底忙时不肯来"是长安永远绽放的旖旎；"长相思，在长安。络纬秋啼金井阑，微霜凄凄簟色寒"是长安永远凄美的醉意。在这诗韵中，仿佛自己也成了诗中的风景。

多少年过去，在这座城市里留下了多少诗人的足迹，又留下了多少美丽的故事。风化的朱阁楼台留不下任何痕迹，唯有那浓浓的墨花诗韵随着清澈的渭河水从古到今一路走来。落日下的长安，掩映在晚霞中的每一个碧瓦飞甍、每一块青色墙砖，化为一幅精美的画、一首流淌的诗。

今天，秦的霸气、汉的大气、唐的英气依旧氤氲在古城的每一粒尘埃中。繁华落尽的长安啊，让我夜夜与你相依相偎，烈烈风骨长在汉唐，是一首永远骄傲的诗！

春江花月夜

李 行

> 唐诗三百首，浩浩汤汤，张若虚仅凭这一首，已技压盛唐。
>
> 婵娟照千里，皎皎洁洁，琵琶女拥有这一轮，已心旷千古。

——题记

一把琵琶，一炉香烟，任古韵清音在屋中流淌，萦绕于心间。月光滑过琴弦，斜风穿透单衣，微雨敲打着夜色，化成一个个跳动的音符，滴进春江水，柔滑着从耳边拂过。

拟花为裳，掬水为佩，泛兰舟破云水，手提一盏彩鸾灯，越过大宋的烟笼云罩，穿过大唐的粉墙黛瓦，那扶堤垂柳，那船舸笙歌，可是梦里江南？

春江潮水连海平

晶莹的水慢慢地涌动着，好似少女柔顺的头发，犹如仙子轻柔的浮尘。水如此流，心就这般柔。从江堤下来，靠近江水，丝丝缕缕的江水从指缝间流过，如多情的青荇，柔柔的，滑滑的，凉凉的。水上漂来几片花瓣，就这样打着卷儿，绕着圈儿，随水而行，飘飘然。蓦地，心弦被轻轻地拨动了一下，一缕怜爱，一丝缠绵，一种思绪，一份柔情，轻轻地在心里荡漾，像微风掠过这琴弦一般，微微地颤动，虚无缥缈的，或许心也已浸在这清灵的水里了。月光在江面上轻旋，满天星斗都从水里笑盈盈地望着我。树影在江底轻轻地摇曳，我这才发现，原来心在江底那棵星星树上荡漾。

皎皎空中孤月轮

月牙儿才罢晚妆，盈盈地舞上了树梢。柔和的月光轻洒在澄澈的江水上，真的有"烟笼寒水月笼纱"的意境。世界像是整个都浸在了牛奶里一般，朦胧凄迷。一时间，似乎回到了那纯真的年代：一个人坐在绿得成了一汪水的草地上，撩动着思绪，回忆着斑斓的昨天，憧憬着缤纷的明天。心灵的窗户向月光张开了怀抱，清冷的月光沁入心底，如琼浆流入夜光杯。想是月亮被我看羞了，她急急地拽过一片云朵，想遮住丰润的面颊，可一不小心，云朵被撕碎，溅成满天繁星，荡漾开去，在天上；荡漾开去，在心田。

月照花林皆似霰

花儿静静地沐浴在清新的空气中，这该是怎样的一片空气啊！它夹杂着鲜嫩树叶、潮湿泥土的芳香，它是一种能唤起你对于暖融融的春天、对人生美好回忆的气息。花儿微微张开着，令我不禁想起"兰陵美酒郁金香，玉碗盛来琥珀光"。玉面含笑，笑出了幸福的回忆；粉颈轻摇，摇出了快乐的憧憬。心在花间散步，眸在花间旅行，环绕自己的都是幽幽花香，弥漫空中的都是柔柔感悟。几丝细雨轻敲花瓣，"自在飞花轻似梦，无边丝雨细如愁"，我眼角的，究竟是泪，还是雨？

夜，安详地睡了，长长的睫毛柔柔地拂过我的面颊。风还在游荡，撩起我的单衣;琵琶声还在萦绕，撩动我的心弦。对着这水、这月、这花、这风，这一切的一切，我轻轻地许愿：请让我的心留下……

东 坡 · 路

薛 雪

山花。陌上。开遍无数。

一支青青的竹杖，一双陈旧的芒鞋，烟雨过后淋湿的蓑衣。离了官场世俗的你，是那样的悠然脱俗，虽贫苦却自由。逍遥无悔的你，脚着芒鞋，闲适却坚定地走着你自己的路。你的脸上总是那样的波澜不惊，你的眼中只有秋风洛水清波，功名利禄的窄路已被你舍弃，你放开胸怀走向自然的广阔之路。看你的狂放不羁，不禁想穿越时空问一句："江南父老可为你晒好了鱼蓑？"

对你，总有无尽的敬佩与感叹。

当年，初入仕途的你，充满了豪情壮志。关心你的人和受你关心的人无一不期望你能才动四方，仕途畅达，济世为民。当年的你亦无惧无畏，一身正气，你坚定地走上了这仕途之路，期望一展抱负，然而这路却令人失望。官官相护，私欲横流，黑暗到令人心惊，多少能人惨遭陷害，多少贤士隐居退却，但你毫不退缩，坚信你能点燃一展明灯，驱逐这黑暗，还诸光明。只是那路太黑了，你，失败了！那黑暗之路容不下一身正气、生性放达的你！

你消沉颓废，抑或愤世嫉俗？不！兼济天下的你，又怎会如此！

于是，你将功名利禄换成了竹杖芒鞋，悠然地走向了自然之路，成就了世人眼中洒脱的你，豪放的东坡！

倚杖听江声，你高唱"大江东去"，闻清波泛起，吟下"小舟从此逝，江海寄余生"，留下了"人生到处知何似，应似飞鸿踏雪泥"的淡泊。你沉醉于你所选择的路，如那一抹缥缈的鸿影，不肯停栖在沙洲的寒枝上，只愿张开双翅，在无际的空中找到自己的方向，划过天空，留下自己飞过的痕迹。

流年偷换，转眼你便垂垂老矣。一梦十年，穿越生与死的迷茫，你无比睿智。你说，让那一切都随大江东去，你但留一回醉，一回病，一回慵懒。你的路即将终结，不知后世谁将继续？

你终是归去了。千年后我在冷月下唤你，那响在我心头的声音，是否是你坚定闲适的脚步声？却只见江上那一梨春雨！

苏轼，这流传千古的名字！

樱花的执着

彭若曦

> 太美的樱花会使人累，可它为了完美，生就这样认真执着。
>
> ——题记

樱花总是让人觉得美得那般出尘，站在樱花树下，看着或粉或白的樱花，总会出现刹那的失神。

樱花开放的时候，从不疏疏落落，总在一夜之间就铺天盖地，美得倾国倾城。也许太美的樱花会使人累，可樱花就是这么热烈地表现着美。也许有人认为它不必那么认真，可它自己却做不到，它就那么执着地美着，执着地认为自己是花，天生就应美得让人陶醉。樱花的执着，让人无奈，却又找不到理由反驳。是的，它是花，它的使命就是展示生命的美丽，它的诞生就是为了呈现这美丽。如果不能，它不知道自己是否还有其他生存的理由？

有时，人也需要这样的执着。

而樱花生命的真正高潮，不在开花而在落花。它的花开得那般决然，也落得那般断然。它不会零零落落，不会如普通的花一般对这个繁世依依不舍，枯守枝头。而是一齐散尽，纵然有千般不舍，也压在心底，毅然随风落下，给你一生最灿烂的时刻。开也轰轰烈烈，谢也轰轰烈烈。它一定是想：生命中不能容忍衰败，愿倾尽全力展示美丽。见不到我的衰败，你便会记住我的美了，这便是樱花的原则。它是如此执着，尽管它们个体微小，但它们群体呈现出一种动人心魄的壮烈。在飞花如雨的空中，在落英缤纷的地面，樱花如此地震撼着人们的心灵。

樱花能做到如此坚定，人呢？

生命中最美的花海，一簇簇歌声，一朵朵期待。花开时来，花落时也要来，因为，有的故事，开始动人，结局更震撼。

因为生命就应该有一个美丽的追求，因为生命就应该是一次美丽的展示。

蜡 梅

黄 鹂

蜡梅是一年中开得最晚的花，也是最早的迎春花

——题记

青城山脚下，在我们家的花园角落中，悄然生长着一株蜡梅，它是那么渺小，如果不是我那天百无聊赖地在花园里漫步，可能至今也不会发现它。

我第一眼看见它是在一个冬日的黄昏，角落中，竟会有这样的一株植物，仅有柔弱的一根枝条独守空枝。当然，我并不知道那是蜡梅，只是暗自惊奇。

我要等待，我相信我的直觉，也许，当春雨连绵万物复苏百花争艳时，会有另一番情景出现在我眼前。总有一天，这棵不起眼的树会开出属于它自己的光彩。

转眼间，两年的光阴流逝，我几乎忘了这孤独的小树。春天，当我再一次漫步这个花园时，记忆中的那根枝条早已萎去，而此时，呈现在我眼前的，却是一丛刚劲有力的树枝，根根似剑一般直插青天。"咱家有一株蜡梅，我怎么不知道……"父亲的声音耳畔边响起，拔出了记忆里那株柔嫩枝条零散的根须，眼前薄薄迷雾瞬间晴朗。"是小时候的那棵树吧……蜡梅……怪不得春天不开花。"我小声嘀咕着，不由得心生敬佩。两年了，没有任何人工的照料，甚至没有人看它一眼，是怎样

一种毅力支持着它无论春秋冷热都毫不停息地向上生长，如此的挺拔茂盛，竟有一种千年老树的苍劲。不难想象它把根扎得有多深，把基打得有多牢，不难想象，它是怎样挺过那无穷的烈日与严寒。我下定决心，冬天，一定来看看这株蜡梅的"春天"。

这决定，也在忙碌中被掩埋了。今年冬天，难为老天竟降下了漫天飞舞的大雪，这些洁白的小精灵，又将我沾满灰尘的旧时念头唤醒。雪，还不停地下着；风，在飕飕地刮着，我的蜡梅会怎样呢，那些娇嫩的花儿，该不会已经落尽了吧。

就在我踏进花园的那一瞬间，满脑子的担心一扫而空，从未见过这样一番风景。那丛没有一片绿叶的枝条上，碎金一般黄灿灿的花朵开得正繁。腊黄的梅花紧贴着枝条，嘟着小嘴儿，鼓着腮帮子，任凭风的戏弄，紧抱枝干不肯松手。几朵梅花围抱在一起，虽禁不住瑟瑟发抖，却死活不肯从枝条上挪动一步，满树蜡梅面对风的摇撼无动于衷。风似乎下定决心要把这些蜡梅吹落，一阵狂风刮来，连压在蜡梅上的雪花都纷纷飘落，树枝打起了颤，蜡梅也摇晃得更厉害了，但没有一朵花屈服，反而向寒风展示着它们冻僵的笑靥，那些面对严寒依旧绽放的蜡梅，给这大雪中了无生机的花园，添上了绚丽夺目的一笔。

风停了，蜡梅金黄的小脸渐渐被大雪所覆盖，我的心中却有盏金黄的灯，愈升愈高，融化着厚厚的冰雪，照亮了前方的路……

悠远的呼唤

杨 薇

二十五弦弹不尽，空感慨，惜余情，千古岁月悠悠，演绎多少善与恶，情与恨，合与离。

——题记

无意中打开了一本史书，跃入眼眸的是几个女子的名字，细读故事，我听到了她们的呼唤。

琴之韵——王昭君

只因你少女气盛，不愿讨好画师，娇艳的你而后却落得"朱砂一点美人痣"的下场，终日困在宫中，满腹才情不得见日。

独倚青梅，手扶琵琶的你将以怎样的怅然虚度晨昏？宛若梨花带雨的你又将以怎样的愁绪幽泣几案？

"画图省识春风面，环佩空归月夜魂。"麻木的你开始藐视那为守候而云淡风轻的空间。雁过空留哀鸣声，最是离人恨。汉时的明月繁星因你的泪水而沧桑美丽。身着火红嫁衣怀抱琵琶的你，玉指缓缓推开边塞之门，消逝于茫茫大漠之中。

由耿直演绎成千古美谈，可是你的初衷？雁声回响，天地间竟传来你泪打琵琶的声音。一回望月一回悲，望月月移人不移。

爱矣？怨矣？

月之波——貂蝉

冻得发紫的月亮再次升起，心中艳红色的花朵被冷清的月色染淡了许多，变成了冷冷的紫色。

那泻于腰际的黑绸，一双如秋水般盈盈的双眸，欲张欲合的朱唇，尽显出你恬静平淡的古典神韵。你一袭素衣，洁白如雪，冻结纵横天下的孤傲，倾倒了三国的各路英豪。

仅仅是一介柔弱女子，纤纤玉指怎能导演出流传千古的连环计使董卓、吕布父子反目？又怎能跳过无数刀光，跃过无数剑影扭转乾坤？可你却怎么也跳不出历史的羁绊，竟与英雄泪别，沦为他人掌中玩物……

今夜，蒲团上的静坐，檀香使你放下这颗心，跳出滚滚红尘，化作如水的月波，皈依净土。只剩鸟儿在枝头吟唱昨日的传说……

喜矣？悲矣？

权之杖——武媚娘

一重门，两重门，三重门。

深宫大殿关住了你深邃的眼眸，先帝骤然驾崩，使你出家感业寺。新皇继位，你智引其马，再度进宫。

时光一晃数十年，经历了两代变更的你在阴险残酷的政治中几经沉浮，用无双的才色周旋于权臣之间；用纤弱的双肩担起了流言蜚语。腥风血雨，你击垮了多少阴狠对手？风云变幻，你闯过了多少急流险滩？而幕帏后，额上细珠，深吸长叹，你实现了多少抱负？然而"神龙变革"却使你长困于冷宫之中，永远不见天日。

嚓声，蓦然惊觉。生命的时光已走过了年轻和浪漫，许多歌过梦过憧憬过的美好事物早已随风飘散，只剩下徒然的累累忧伤。

乐矣？伤矣？

远处，不知是谁吟起"自古红颜多薄命"。我轻叹摇头静立，聆听着她们的述说。

那是一只忧伤的猫

任超男

1. 它有着一只猫不该有的安静

我第一次见到它的时候，它用眼角瞥了瞥我，没有走开，却并不表示欢迎。

它一脸的淡漠，我走过去，想抚摸它的毛。它却转过头看着我，用尾巴扫扫我的手，表示抗议。

我玩笑似的，轻轻地握住它的爪子，看着它的眼睛。

没想到，它却用同样的眼神看着我，掺杂了一些不满。

我竟不觉间把手从它的爪子上移开，看着它，诧异。

2. 它其实很喜欢那些美丽的鱼儿

姐姐有两个很大的鱼缸，里面都游满了美丽的小鱼。

我看到那只猫迈着静默的步子走向鱼缸，我以为它想吃掉它们。

它只是，轻轻地跳上鱼缸，低下头，俯视着那些游动的鱼儿。

那一刻，我就知道，它不会吃掉那些小鱼。它喜欢它们来回摆动的柔软的身躯。

因为它是一只猫，所以要背上贪吃鱼的罪名。

其实它只是太孤独，想和那些鱼儿交朋友而已，只不过没人懂得它的想法。

3. 它大概在做噩梦

我看到它睡觉的样子，好像已经死去。

我知道，它在做梦，或许是梦到心爱的猫亲吻它。

亦或许，是梦到和它妈妈分开的时候。

是的，它的妈妈，是一只和它一样漂亮的纯白色的猫咪。

只不过，那只猫，在另一个人家里住着，已经老去。或许早已忘记它还有个女儿。

我又忍不住抚摸它的毛，它被我的抚摸惊醒，马上睁大了眼睛，敏感地看着我。

4. 原来它不喜欢零食

我越发对它好奇，那只猫咪，性格很像人。

我为自己的想法感到很好笑。

我把巧克力卷送到它嘴边，它闻也不闻就走掉了。

那时候，我觉得自己像在讨好它。这个想法让我脸红了。

5. 我发现，它懂我

我不再打扰它，觉得无聊，拿起手机。

不知道按下哪个号码，只好又把手机放在旁边。

我看着窗外，努力地让自己微笑，表情却在和我做抵抗。

我回头，它在玩弄我的手机。

我走过去，看到它不经意间按下绿色键，是朋友轩的号码。

我拿起手机，和轩聊天。

只是轩不知道，给他打通电话的，其实是一只白色的猫。

6. 它和我一样，是一只孤独的猫

这是我在姐姐家的第三个夜晚，星星很多，它们都望着我，并不眨眼睛。

我站在门外，呆呆地仰起头，以孤独的姿势仰望着那些星星，眼眶湿润。

我低下头，它不知什么时候已站在我身边。

它轻轻地唤了我一声，趴在我的脚边。

这一次，我抚摸它的毛，它没有抵抗。

夜有些冷，我却感觉它小小的身躯趴在我的脚边很温暖。

一整夜，我们以同样不为人知的寂寞方式，彼此依偎着。

7. 离别

第四天，我要走了。

拎着书包，走到门口的时候，它走了过来。

它抬起头，依旧注视着我的眼睛，彼此沉默。

几分钟后，我推开门，走了出去。

它又轻轻地唤了我一声，我回头，看到它眼眶里有些闪亮的东西。

8. 那是一只忧伤的猫。

我知道，它是一只和安妮宝贝一样的猫。隐忍地孤独着。

不恨，不怨，不悲，不伤，不忿，只是隐忍。

我想我懂得，因为我们都一样，都是怪异的动物。

我们都活在只有自己能懂得的天空里，不允许天空中掺杂任何一丝杂质。

猫咪，请不要再孤独地忧伤着，因为，还有我，陪着你。即使是肆意的疼痛与哭泣。

我懂得，你是一只忧伤的猫。

搭 档 之 情

姚 田

首先要说，搭档之情决非友情，也就是说，搭档，并不完全等于朋友。

长于以寓言说理的庄子，无疑也懂得怎样以一个形象而易懂的故事，贴切地向人们叙述他的心情。

于是，便有了这篇《运斤成风》——

不慌不忙地在郢人鼻尖上挥动斧头，利落如风的匠石；

面不改色地请求匠石以斧为自己削去鼻尖薄如蝇翼的白粉的郢人——

这是一种多么完全的、绝对的、毫无保留的信任啊！

这是对庄子与他终生的辩友惠施多么贴切的形容啊！

这就是真正的搭档！

庄子是老练的、明智的，他没有用类似"高山流水"的知音知己来怀念惠施，因为他知道，自己和惠施完全是两个不同世界的人，惠施一生奔波为官，而自己宁愿"曳尾于涂"。可惠施在自己的心里，是一种无可替代的存在，他走后，留给自己的只有大片大片的空虚——

是搭档吧！寂静的夜晚里，明灭的星空下，庄子微微一笑，挥笔写下了这个词——

搭档。

惠施，你，是我唯一的搭档。我们都无法去赞成对方，却可以互相理解。只有在对方面前，我们才能"肆无忌惮"地展露自己一切的小聪明、大智慧。我们的才华，因对方而存在；我们的价值，因对方而得到体现！

"你又不是鱼，你怎么知道鱼是否快乐？"

"你又不是我，你怎么知道我不知道鱼的快乐？"

想来，惠施走后，庄子独自一人在他们曾经一起走过的小溪边回味他们的经典辩论时，该是怎样的伤怀莫名。

这，便是搭档之情吧！

只有你，可以让我放心地施展自己的才华，也只有你，能够放心地，允许我那些在旁人看来不可理喻的才华。

可以这样说，朋友，是一见钟情的，而搭档则需要长时间的磨合。不会有人刚一见面就讲，"我们是搭档，我们很默契。"

珍惜你的搭档吧，人的一生允许无数次"一见钟情"的友情，却给不了你几次需要长时间磨合的"搭档之情"。

绝境只是一个拐角

许雪菲

> 路遇天涯，途经海角，行至绝境，才发现——所谓的"绝境"只是一个小小的拐角，轻盈地转个弯，就会看到前方的另一片天堂。
>
> ——题记

曾记得小时候热衷于电脑里一个走迷宫的游戏，迷宫层层叠叠，变幻莫测，每碰上一个拐角我总是犹豫不决，生怕走进了黑暗的死角。但渐渐我发现，拐角并不是那样可怕，每拐过一个转角都有一片新天地，一份新希望，即使进了死角，也有回头的路可寻。

迷宫正如人生。死角即是转角。

我的思绪飘向北京，那儿有我种下的梦想，我喜欢在北京的老胡同里穿行，就像走迷宫，但不同的是，在老胡同里，每遇上一个拐角我都会有新的发现。在一堵古老的墙壁上，在一个小小的拐角里，我发现了一个不同寻常的东西——报箱，报箱上有一堆枯叶筑成的小小的巢，里面还零星散落着几根羽毛，想必这鸟儿外出觅食去了吧！我好奇地瞪大了眼，仔细地端详这精巧的"建筑"，这儿简直就是一个微型天堂！这再平常不过的枝叶儿，却成就了一只鸟的欢愉或是一个家的天伦之乐；这再平常不过的鸟儿，却不因生活在无人知晓的拐角而抱怨，反倒从平凡中绽放出一份从容的美丽！

于是，我发现——

在这小小的巢穴面前，所有的悲伤都是没有理由的。生命的韧性与美丽在这处默默无闻的拐角彰显到极致！在生命的拐角，我学习这只鸟，面对平淡甚至平庸的生活，永远持有一份希望，相信会有一天，我会在黑暗的角落，瞥见绝美的阳光！

我的思绪飘向海角，那儿曾是我最向往的地方。我留恋于天涯海角的美丽风光，却久久不能忘怀那个转角。当我们漫步于银色的沙滩，却步于高大的"天涯海角"石旁，导游告诉我们这便是天和路的尽头，这便是绝境，我的心里倏忽产生了一种巨大的恐惧与敬畏，难道这真是尽头，真的无路可走了吗？其实并不是这样，这只是一个巨大的拐角——转个弯我就会看见天堂——天堂般美丽圣洁的"鹿回头"公园！当我迈入这落英缤纷的天堂，我竟有一种劫后余生的喜悦，一种历经霜寒重感温暖的欣慰！

于是，我坚信——

走过茫茫高原，才知太阳的炽热，经过漫漫长夜，才会拥抱黎明的彩霞。生命没有什么过不去的坎儿，有时所谓的绝境只是人生中一个小小的拐角，转个弯，便峰回路转，你会看见"柳暗花明又一村"的明媚与温暖。

在生活的拐角，我遗留下关于痛苦的琐碎，捡拾起关于生命的思考。任流年飞逝，任角落变幻，我都会用一颗童真的心去领悟、发现拐角里蕴藏着的美丽，播下希望的种子——即便在最不起眼的拐角，也能绽放出常开不败的花。

想起安徒生

袁月华

似乎每一个年代都不乏属于它的历史，不乏只为它抒怀抑或愤慨的笔者。譬如巴尔扎克，用自己凌厉的笔触导演了19世纪西欧的人间喜剧；譬如鲁迅，他呐喊的余音回荡近一个世纪；譬如曹禺，一阵雷雨表达的是太多的愤懑与警醒。

于是在这样的思绪下，不知怎的，想起安徒生。

提到这个名字，当今世界自然不会有谁陌生，好几代不同的人或怀念或自豪地回忆，"我就是读安徒生长大的！"

我最早接触到的安徒生的作品，是四岁左右，或者是那之前更年幼的岁月，在摇篮里听母亲轻读那些童话，只是那些片段大多都模糊了。我记得自己第一次看的是《海的女儿》，结尾处小人鱼在夕阳中化作泡沫的场景让我至今都唏嘘不已。

我读安徒生，早已不再满足于"故事"的本身，我看到的是一个看尽人间聚散离合的作者，在无数次心灵的撞击之后写下的冷峻赞歌。《卖火柴的小女孩儿》展现给我们的是人们对光明的追求，是那个时代人性的冷漠；《海的女儿》放在现在，结局早已被改为艾丽儿和亚力克最终得以结合，而它的原文则是忍受巨大痛苦的人鱼选择结束自己的生命，成了爱情的殉葬品；给我印象最深的是《夜莺》，夜莺一生不倦地为皇帝唱着歌，却在失去知己后死去，它的胸脯上，刺着一朵可爱的玫瑰花……

卖火柴的小女孩儿死在对光明的向往里，她别无选择；海的女儿死在自己的爱情里，她不愿有多余的选择；夜莺则成了"热爱"的殉葬品，就像张爱玲笔下的那句"屏风上的鸟，死也死在屏风上"。

所有的这一切，都太过凌厉。安徒生不应该被粗浅地冠上"童话大师"的头衔，他的伟大不能被当作"童话"而被人们随着年龄增长而抛弃。儿童正是花一般的年纪，他们的心灵不应该被现实的悲哀太多地侵蚀，"很久很久以前""最后他们过上了幸福的生活"，诸如此类的字眼是最适合他们的，光明、美好、幸福、快乐，诸如此类的主题才是他们应该读到的。

所以，重读安徒生，是在远离童年好多年后的今天。安徒生，在我看来，19世纪批判现实主义作家群中应该有他的一席之地。他的笔，凄美而尖锐，委婉而凌厉，真正地做到了以小见大，以他独有的睿智和机敏发泄着对现实的不满，表达着对下层人民的悲哀。

有时候会不自觉地把鲁迅和安徒生放在一起作比较，这样的说法也许在大多数人看来是无稽之谈，抑或是我一时兴起做的无聊拼接，但那是我真实的感受。不同时代、不同国籍、不同种族的两个人，用不同的视角表现着类似的思考。安徒生是丹麦的象征与骄傲，而在中国人眼里，鲁迅何尝不是中国的脊梁。他们面对的是不同民族在不同时间的黑暗与绝望，抒发的却是同一个梦想：光明、安宁。

一个人与一个社会相比，力量显得太过渺小，一个文人若是敢于与黑暗相对抗，敢于不懈地战斗、默默地忍受，那样的力量又怎么计量？在我看来，安徒生的文字里就隐含着这样奇异的力量，隐藏在看似温柔美好的文字背后，隐藏在安静宁和的氛围之中，但又有几个人能真正明白他的愤怒与压抑、顾虑与无奈……

生在21世纪，我无法与安徒生对话，无法知道他的意愿与想法。但是，一代大师的作品被定性为"童话"，这到底是对安徒生的亵渎，还是对讽刺艺术的美化？

越过高墙那一刻

金星翰

　　墙这东西，从小时候起我就一直有印象。因为小时我家后院里就有一面墙，直接把后院和外面的空地分隔开来，也挡住了我通往空地的路。那堵墙高高的，大大的，给我一种不可超越的感觉，对于当时的我来说也确实是一种不可超越的存在。在院子里我无法看见远方的地平线，无法观赏日落，更不能到空地去玩耍。于是我心时里便开始诅咒起那面墙来，希望它哪天会突然倒塌。

　　然而这堵墙极为结实，又厚又硬，地基也很深。不久，我的幻想便自动破灭了。但我心里有种渴望，渴望能看一下墙外的世界。接着我开始尝试翻过那面墙。我试了许多次，但均遭失败。随着时光流逝，随着个头的增高，我的好奇心也越来越强。我很想知道我什么时候才能越过那面墙。在一个秋天的黄昏，我开始了行动。我抱了一堆砖叠放在一起，我踩着它们，终于爬上了那堵墙，被眼前的景色惊呆了。西边的云彩被火红的圆日染成了一片绯红，连枯草都被镀上了一层金色，一切都是那么的耀眼，甚至于把久不见光的我的眼睛都深深刺痛了。而墙外面的空间似乎又是无限的宽广，让我的心都跟着飘了起来。我站在墙上，心里有一种自豪的感觉。我在那里站了好久，好久。虽然我很想到那宽广的空间去，可当时我无法从墙上的另一边下去，最后只能恋恋不舍地看了一眼墙外的天地后，退下墙头，走向后院。随后一段时间，我一有机会就在那高墙上欣赏外面的景色。

告别了童年后，我便很少有机会去爬那堵墙了。而后，我的家也搬到了别的地方。有时我会想那站在墙上对着西方的云彩呐喊的情景。我体会那自豪的感觉，那种感觉很幸福。然而随着我的长大，我的烦恼也越来越多，生活中的一切都与我预想的大相径庭。周围的一切都是那么的陌生，我感觉我的四周仿佛都有一堵厚厚的无形的墙，把我压在中间那个狭小的天地里，喘不过气来。不知为什么，我的心变得很脆弱，发生一点儿小事我的心都会变得很焦虑。面对面前许多难以逾越的高墙，我真的感觉力不从心。

一次，当我再也承受不住压力的时候，我决定回到那童年的圣地看看，因为它也是我精神的寄托。当我重新站在那堵墙下时，我发现我只比那墙矮一头了。我很轻松地爬了上去，和以往不同的是，这次我没有停留在墙顶上面，而是直接越了过去，奔向那火红的夕阳，我对着高高的广阔的天空和绯红的云彩大声呼喊着，把积蓄的压力全部释放出来，整个人都仿佛变得很轻松似的。那种感觉真的很痛快，积蓄已久的阴霾全部一扫而光。

如今在我的生活中，我还是会遇到许许多多的墙。不过，现在我已能鼓足勇气去跨越它们。当年我的执着与信念让我站在那堵高墙上，如今的我又怎能失去信念呢？而且我知道，试一次可能不会成功，但还有第二次、第三次。站在墙上向下看的感觉很好，而越过高墙到达另一个世界的感觉更新，更好。因为，我知道，墙的那边的世界很广阔，很美好。

从今以后，我不会再畏惧那些墙，因为我知道它们是我生命中的一部分，我注定要越过它们。而且我知道，我要努力，拼搏，我要为越过挡在前面的高墙而努力，更要为墙的那一边精彩的世界而进取。

盛 世 安 澜

额雪雯

1

寒假时，我回到了家乡。

我家蜗居在长江边的一个小城镇里，临着荆江大堤，是1998年洪水后修建起来的。

一个人漫步在堤上，放眼望去是一望无际的江水，许多航船巡行在江面上，延展开一片又一片的水纹。我环视着四周，突然发现堤岸旁的草地上立着一块石碑。走近看，上面用朱漆刻着四个遒劲的大字：盛世安澜。这是为了纪念1998年抗洪抢险所彰显的坚韧不拔奋不顾身的精神。我抚摸着上面整饬的纹路，仿佛再次置身于那个灾难的时年，洪水如猛兽般肆意咆哮，人们流离失所。而今，泛滥的江水早已平息。

我感慨着，正欲转身离去，可又觉得有些意犹未尽，这四个苍劲雄浑的大字仿若拥有着不可名状的神秘力量让我长久地驻足。我口中默念着这个词语，突然对它有了更深刻的理解。

2

每个人的心里都有一条河流，生生不息地驶向既定的海域。

它提供着氤氲各种欲望的温床，激荡奔涌着欲望的波澜，永无止歇。比如现在许多人对金钱权势的嗜好，为了钱、权穷其一生，不惜任何代价。在这个物欲横流的时代，利益被某些人供奉在心中最神圣的位置，对其顶礼膜拜，只是为了用这些架构起他们的虚荣心和浮华伪善的外表。人类的一切活动都愈发地趋向于功利化。

因对物质的浅薄追求，人们内心的河流里回旋起了一个又一个漩涡，混杂着各种欲望，湮没了人性中最本真的东西。

同时，这条河流也会因为生命中所遇见的许多难料的变化而翻滚着汹涌的波涛。

忘了是从什么时候开始，我们会因为各种突如其来的境况而搅动起内心的波澜。儿时，为得不到心仪的玩具而哭闹，因没有充足的玩耍时间而不满，既而演变成压力而烦闷，为各种情感的钝痛而悲戚。许许多多的琐碎连缀成片段，横亘在你的生活中让你无处可遁。

应该说人的一生中充满了太多的大悲大喜，每个人都不可能平平稳稳地终其一生。疾病的折磨、家庭的破碎、事业的坎坷，被安插在人生的各个罅隙里，用苦难与不幸丰富起它们的轮廓，就像被投入河流中的石子。对于有些人来说，它们会慢慢沉积到水底，为生命的阅历添加一份厚实的重量；但对另外一些人，则仿佛激起了无数的浪花，变得起伏不定，甚至泛滥成灾。于是他们被这些多舛的命运羁绊住了人生的脚步，从此一蹶不振。

这条河水就是人们内心最真实的写照。在面对生活中隐藏的棱角与致命的诱惑时，只有不为物欲所诱惑，不被挫折所打倒，用一种镇定自持的态度贯穿人生的始末，最终才能到达理想的彼岸。

一如我对"盛世安澜"这个隐忍的词语的理解：在这个盛大冗杂

的世界，安抚住自己内心的波澜，拥有一种处变不惊、安之若素的态度去从容地应对人生。

3

我继续站在堤上，俯瞰着滚滚的长江。

那些航船在缭绕的雾霭中隐成了一个小点儿，缓慢地淡出我的视线，投奔到了未知的远方。而此时，江面上被轮船荡起的波纹，也得以渐渐止息，无不显示着一种平和淡定的姿态，映射出温润静好的具象。

从寂寞中开出花来

让我走近你

韦涵静

面前摊着你的诗——"独行独立，独唱独酬还独卧"。寥寥两笔，五个"独"字，满含着幽怨，把你的心情描绘到淋漓尽致。也许是少年不识愁滋味，那时我还看不懂你的诗，读不懂你的心。

朱淑真，你的诗太忧愁了，愁得就像天空低而浓黑的乌云，让人窒息得喘不过气来。

渐渐地，我才发现，上天对你太不公平了。你的一生，只有愁，片刻的美好随即也被巨大的痛苦遮住，就像被乌云遮住的太阳，你却没能等到云消雾散的那一天。

你出生官宦之家，自小善绘画、工书法、精女红、通音律而懂诗赋。但你的父母最终在世俗的想法里，不顾你的反对，把你嫁给一个俗吏，让你开始了"衣食无忧"的日子。也许只有你意识到，人生的悲凉从这一刻开始书写。

每天你只有对着一言不发的丈夫，空看着年华的流逝，红颜的老去，让才华空寂寞，泪水成了你终年的伴侣。你时常会想起曾经和他携手游西湖时"娇痴不怕人猜，和衣睡倒人怀"的那份快乐与娇羞，即便在梦中，你也会笑得如鲜花般灿烂，而梦醒了却依旧要面对冰冷的现实。"清明过了，不堪回首，云锁朱楼"，也锁住了你的心，你只有在绢纸上写下你的情怀。"何处唤春愁？绿杨影里，海棠亭畔，红杏梢头……"你的诗是以愁为笔，以泪为墨，用不幸堆砌而成的，字里行间，处处皆愁。

对于这样一个才华堪与李清照媲美的诗人，上天竟却连一个理解你的双亲都没有给你。他们在你坟前焚毁你的诗稿时，你在九泉之下，是否肝胆俱碎？那是你一生的结晶啊！

一阵风吹过，灰烬随风散去，很快便无影无踪。一如你的一生，没有留下一点儿痕迹，连那片属于你的云彩都没有带走。就这样结束了你的一生，只留下一个还没有做完的梦，百余字的记录，还有后人无限的遗憾。

才华终有赏识者，你的才情还是被世人所知。他们整理了你的诗稿，让你的才情得以流传下来。封面上，只用三个字便概括了你伤情的一生——《断肠集》。

上苍不公，你没有一句怨言，对你那"似被前缘误"的一生，你也没有反抗，只是忍耐，把一切痛苦一个人承担。

原来只觉得你太傻，不敢冲破封建的囚笼，把自己的一生做了那个时代的殉葬品。走近了，才发现：你不是没有反抗，只是太无力了。你的武器只有泪水。走近了你，才发现：你不是没有反抗，而是对立面太强大，整个社会、整个制度都是你的对手。

你心里也许是明镜般清楚，究竟是什么葬送了你的一生。这一切，在你出生之时，在你父亲发出那声叹息"是个女儿啊"之时，已成定局，你只有接受。

当我走近你时，你轻轻告诉我，你的一生，被前缘误，被时代而误。

路旁有多少棵树

余思涵

放学后，我马不停蹄地往家赶，突然同班的一位同学眨着诡秘的眼睛凑到我的跟前。

"你看这些树的树干都很粗大吧！它们的寿命一定很长。"我点了点头。

"你知道这一排有多少棵树吗？"我一愣，摇了摇头。他笑了笑，像个孩子一般。他说，他数了。然后他推着车子离开了。

进入中学已经快两年了，可我确实从来没有注意到这些树，其实我也从来没有想过去注意它们。它们太平凡了，平凡得我天天从它们身边走过却对它们没有一丝记忆。

我掉过头，仔细地数了一遍，突然发现了我以前没有发现的东西。

在夕阳的余晖中，树被镀上了一层美丽的颜色。树干不怎么光滑，上面有一个个树瘤和被刀划过的痕迹，仿佛是证明着十几年来走过的历程。树枝上蹲坐着一两只麻雀，仿佛在亲昵地交谈着什么。一切都是那么和谐，那么美好。

也许我们太忙了，以至于我们没有闲暇欣赏身边的美，以致生活中的美在我们的眼中没有了立锥之地。我们究竟在忙什么呢？也许有一天我们会忘记我们自己是谁？

其实，生活中不是缺少美，而是缺少一双发现美的眼睛，缺少一颗情感丰富的心灵。万物复苏的春天姹紫嫣红，骄阳似火的夏天热烈奔放，果实累累的秋天饱满丰腴，白雪皑皑的冬天宁静肃穆。这些美丽就在你的眼前，可惜，很多时候，我们就因视而不见而错过了这些美，错过了人生中一些宝贵的东西。

　　普通不代表丑陋，平凡不代表卑微。仅仅是一棵树，也能绽放生命的色彩。

　　同学们，你们数过路旁这些树吗？你们与它们窃窃私语了吗？如果没有，就赶快来数数它们，数数身边的美丽，也许你会从中获得一些意想不到的东西。

竹 香 悠 悠

黄志明

　　翠影层层，斑驳一地傲然风骨；悠悠竹香，沁出一股绝世风姿。

——题记

　　不知是何时喜欢上竹子，只知道它那身傲骨是非凡的。

　　窗外，竹子随风摇摆，婀娜多姿。空气中，夹杂着一股淡淡的、沁人心肺的竹香。

　　九百多年前，苏轼一身素衣，衣袂飘飘，他荡然转身，归隐山林，与竹为伴，不与世俗同流合污。桌案上一杯清茶，零星竹叶荡乎其中。他泼墨挥毫，宣纸上瞬间浮现出"宁可食无肉，不可居无竹"几个苍劲有力的大字。他坦然一笑，宁为平民，不为奸佞，挺如翠竹，无愧于天地。

　　时光荏苒，清幽的小筑间，墨香浓郁，郑板桥啜一口清酒，成竹在胸。宁为垂钓者，不做昏庸官。既然为官，便要真真正正做对得起苍天的事。"千磨万击还坚劲，任尔东西南北风"，竹子何惧风霜雨雪？倘若官场当真已变得千疮百孔，那就潇洒而去吧！"非淡泊无以明志，非宁静无以致远"，他如竹子一般，刚正不阿！

　　《诗经·卫风·淇奥》云："瞻彼淇奥，绿竹漪漪，有匪若子，如切如磋，如琢如磨。"人与竹、竹与人本应为一体，以竹喻己，情愿远离这物欲横流的烟雨红尘、喧嚣人间，逍遥于穷乡僻壤。他们以竹为友，倚遍竹香，向往超凡脱俗、无拘无束的生活。所以，在爱竹人的心里，任何的外在形式都已变得微不足道，闻到那阵阵竹香，便明了心中的所求。

竹当是最完美的，千年一碧，不畏风雨，傲对霜雪。它虚心进取，默默奉献，堪称表率，是集天地间清气洁气于一身的灵物。

竹的香味若细细去品，是有品不尽的绝世风骨，品不完的高尚情操。它身上最可宝贵的品质，乃是绝大部分现代人身上正在逐渐消逝的一股浩然正气。对我们来说，这种品质是那么珍贵，那么不可欠缺。

阳光在竹林间投下零星的光斑，竹影间碎金斑驳。箫声乍起，竹香悠悠……

一生恰如三月花

王小云

不知从什么时候起，读到了安意如的书，自己对纳兰容若的爱慕便一发而不可收。原来凡心所向，皆是虚妄。我对安意如充满感激之情，如果不是她，纳兰对我来说也仅仅是一个名词而已。

你可能要问我纳兰容若是谁，那么，恐怕你会比较熟悉他的另外一个名字：纳兰性德；你可能还知道一个名字：纳兰明珠——容若的父亲。如果你还不知道，那么《沁园春》这首词你一定不会感到陌生：

"瞬息浮生，薄命如斯，低徊怎忘。记绣榻闲时，并吹红雨；雕阑曲处，同倚斜阳。梦好难留，诗残莫续，赢得更深哭一场。遗容在，只灵飙一转，未许端详。重寻碧落茫茫。料短发，朝来定有霜。便人间天上，尘缘未断，春华秋叶，触绪还伤。欲结绸缪，翻惊摇落，减尽苟衣昨日香。真无奈，倩声声檐雨，谱出回肠。"

在梁羽生的《七剑下天山》中，《沁园春》这道哀词成了纳兰容若和冒浣莲相识的契机。在"大漠孤烟直，长河落日圆"的塞外，凄美的马头琴声伴随着这道哀词令冒浣莲不禁潸然泪下。

容若生于清顺治十一年，正黄旗人，其父明珠乃康熙时期权倾一时的首辅大臣。容若天资聪慧，博通经史，工书法，擅丹青，又精骑射，十七为诸生，十八举乡试，二十二岁殿试赐进士出身，后晋一等侍卫，常伴康熙出巡。然而才子早逝，三十一因寒疾而殁。

身为首辅大臣之子，容若看起来风光满面，其实内心也有自己的痛苦。官场失利，仕途难达，有一腔才学却无报国之门；情路难行，劳燕分飞，纵有满腹柔情，又与谁人说？这份哀愁，这份无奈，便寄寓在了容若的词中。

词家的名字多数都很优美，如柳永，陆少游，李商隐。但像纳兰容若这样的好名字却也少见，"纳兰容若"四个字便是一首好词，胸纳幽兰，神容略若。他的名字被人记得，不是因为他是权相之子，不是因为他是康熙的宠臣近侍，而是作为一代词人，以诡异得近乎心碎的惊艳出现在清朝上空，一照就是近三百年。

容若的词，似乎只有顾贞观（即梁汾）一人懂得，连容若的《饮水集》也是顾贞观帮他整理的。在边塞的他，面对塞上绵延空灵的飞雪，他吟出了映衬其一生的感慨："冷处偏佳，别有根芽，不是人间富贵花。"

他词中那不倦不悔对感情执着的倾诉令我心惊。"人生若只如初见，何事秋风悲画扇"，他将他所理解的感情在三郎和玉环身上表达得淋漓尽致；"有限好春无限恨，没有由，短尽英雄气。人间所事堪惆怅，莫向横塘问旧游"，他对富贵功名的彻悟以及那份抽身而去的洒脱让我心折；"知我者，梁汾耳"，他对友情的坚定如同一道疗伤的温泉汤药，温暖了、唤醒了我们冰封的情感。

我为之叹息，自古佳人多难才子短命，愿望越是美好如花，凋谢起来就越显得残酷伤人。"人生不如意十之八九"，为什么偏偏让容若在他最完美的人生中体会到最大的不完美，像桃花在春光最盛的时候却孤独凋落。

我与他的心仿佛交融在了一起，诚然，我对容若的生平事迹并不是非常了解，然而我却从他的词中读到了他的情感，也猜透了他的心。我的心已然穿越了时空，飞到了三百多年前的清朝，去见证这一位平凡的人不平凡的一生。

看得见开始，猜不到结局——他的一生恰如三月花。

逆　光

周子雨

　　莫名地张开手指，手指间的缝隙中，一道刺眼的光一点一点在我眼中蔓延开来，直到黑暗的降临。

　　一直以来，喜欢逆光的气息，向往那一种纯净、纯白的味道，那种强烈的感觉直入我的心灵。

（一）

　　"……有一束光/那瞬间/是什么痛的刺眼/你的视线/是谅解为什么舍不得熄灭/我逆着光却看见/那是泪光/那力量我不想再去抵挡……"

　　小时候，听过的最凄美动听的故事是安徒生的《海的女儿》。第一次听到这个古老的童话时，我只是一脸羡慕地想着美人鱼那深邃如海的眼瞳，海藻般紫色卷发，还有一条金光闪闪的鱼尾，痴痴想我什么候能变得和她一样。带着满脑子的美好幻想，却听到小人鱼在太阳的呼唤下，一点一点变成了透明而又五彩缤纷的泡沫，飘飞在蔚蓝色的大海上，最后无情地破灭了。那个时候，只是天真地认为小人鱼陷入睡眠的永夜，在梦里会与她心爱的王子一起跳舞。

　　不曾等待，却逆光而行。

　　那天，天空中无数沉甸甸的浅灰色云朵被狂风卷动，教堂的尖顶像一把锋利的裁纸刀一样把这些云絮撕成长条，空气里一直是这样持续不断的类似剪断布的声音。

妈妈带着我站在教堂的门口，在两排黑黑白白的花圈和悼词中间，一直望到底，有一幅爷爷慈祥的遗像。照片上的爷爷显得特别安详，而正下方——爷爷正躺在那里。我跑过去，使劲地摇晃爷爷的手，他却并没有像以往那样，大笑着嚷着："丫头，丫头！"

——妈妈，爷爷睡着了吗？

——傻孩子，爷爷是睡着了，只不过，和小人鱼一样，永远沉睡在梦里，再也醒不过来了。

——那，那我们一起把他叫醒！

——醒不过来了，醒不过来了，再也醒不过来了。

这几个字像是藤蔓一样死死地缠绕着我的心，勒得我喘不过气来。为什么，为什么会是这样。一想到，我最亲的亲人已经离我而去，最爱的小人鱼也化成泡沫在阳光下消失，我第一次感到了死亡的恐惧，那种感觉像一道强烈的光，直直地刺入我的眼睛，我甚至来不及躲避，来不及掩盖，就要窒息了。

那就是逆光。

（二）

"我以为我能后退反复证明/这份爱有多不对/背对着你如此漆黑/感觉疲惫/却看见打开窗才发现你就是光芒……"

小时候，不免犯一些不大不小的错误。大人们惩罚我的唯一办法——关黑屋子。一个人待在一间没有窗户的房间里，黑暗、孤独、恐惧在我的心头挥之不去，没有办法，哭是我唯一消遣时间的精神寄托，可尽管哭得怎样歇斯底里，都无济于事。那时候一度让我认为我会与黑暗打一辈子交道。

好不容易熬到了晚饭时间，门外传来的脚步声，让我的心情死灰复燃，我竖起耳朵，屏住呼吸，眼睛一眨也不眨地盯着门，仿佛能看透门外的斑驳光线，那越来越近的身影。果然，拖鞋"啪哒啪哒"的走路声渐渐由模糊转为清晰。心里暗暗地数着：

一步、两步、三步……

随后，是一阵轻微的金属碰撞的响声，接着，钥匙插在钥匙孔里，微微转动。"嘎吱"一声，门开了，露出一条细细的缝，一道强烈的光直冲我照来，尽管是那样刺眼，却温暖得让人安心。

那就是逆光。

逆光，在一瞬间，一闪而过，变成我的羽翼，伴随光的身影，翻卷，冲击，进入到光明里。

长留在心底的风景

伫立在这样的月光下，看着外婆的脸庞，外公的摇椅，还有他们种下的桂花树，我突然明白，这种思念，这份牵挂，这月光下的团圆，早已超过了生与死的界限，划破了轮回，回到这个小院。

但愿人长久，千里共婵娟。

功 德 碗

张希开

在奶奶家堂屋中央的条形桌上，"供奉"着一件特殊的物品——碗。它很普通，蓝边粗瓷，白釉里泛着黄褐色，碗底还浅浅地刻着一个"张"字。

奶奶经常用抹布轻轻地拭去碗上的尘土，然后再轻轻地放在原处，像拭擦珍贵的首饰，还默默地念叨：你这看门的家伙要保佑我家永远有饭吃。看奶奶虔诚的样子，我好生纳闷。

爸爸给我讲了这样一个故事——

爸爸小时候，正值"文化大革命"接近尾声。虽然动乱结束了，但每天仍然饥肠辘辘，每天三顿"一吹一条沟，一嗅三条浪"的稀饭，到了青黄不接的时候连稀饭也得不到保障，人自然面黄肌瘦，只得用山芋、野菜凑合着。

爸爸清晰地记得，那天是他十岁的生日。家中唯一男孩儿的十岁"大寿"，本应举家庆贺的日子，然而家里米缸中微薄的米粒屈指可数。不要说盛宴，就是一顿干饭，也成了奢望。正在奶奶黯然神伤的时候，隔壁老李爷爷送来了一碗长寿面，中间还醒目地躺着一个鸡蛋。全家和着眼泪，你一口，我一口，彼此推让中喝下最后一口汤。就是现在长条桌上供奉的这只碗，当年盛着冒着热气的鸡蛋长寿面，成了爸爸最美味的一餐，成了全家最温暖的记忆。

说来也怪，在那之后全国掀起了"家庭联产承包责任制"。土地承包后，日子好过了，吃饭不愁了，奶奶认为是那只神奇的碗带来的好运，于是请石匠在碗底刻上了姓氏，摆在堂屋供奉起来。奶奶说这碗盛满了功德。

现在，奶奶家碗橱里叠放着几摞碗：有蓝边大碗，奶奶说那时候盛一碗是一碗，特别是外出干活，有饭就着咸菜就能对付了；有带彩花碗，还镶着金边，奶奶说那是专门盛菜用的，到后来没菜是吃不下饭的；有成套的，不仅有餐具，还有酒具、茶具。不仅有白瓷的，还有不锈钢的、玻璃的、塑料的。不仅有盛饭的，还有装菜的、摆汤的。更明显的是碗越来越小，奶奶说，那是大家营养都够了，都要减肥节食了。

现在，碗的故事，已经成了奶奶讲述家史的经典，虽然老生常谈，但我却百听不厌。

没想到一只碗还能演绎这么多的故事。

聆　听

连　欣

　　外婆喜欢听豫剧，每天清晨，捧一杯热茶，准时打开老旧的墨绿色收音机，和着咿咿呀呀模糊不清的唱句，自得其乐地唱起来。她天性喜爱热闹，时常叫着老朋友一起喝喝下午茶，听听豫剧。这样的画面，已经成了我记忆中的一部分。

　　豫剧的唱腔虽说也是峰回路转，但相对于京剧已经少了许多的"繁文缛节"，故此，我有时甚至还会陪着外婆，一起听着那些"被唱出来的故事"。那些唱调百转千回地回荡在我的脑海中，成为一些绝妙的记忆。

　　外公不喜欢豫剧，他只爱侍弄他的那些花花草草，每当外婆打开收音机的时候，他就会一个人躲在阳台，拿着大喷壶浇着花，时不时向屋内张望着。

　　"快劝劝你外婆，别让她再听那玩意儿了。"他不止一次地拜托过我。

　　小小年纪的我哪懂得大人之间的事情，真的就向外婆讲了。结果被外婆训了回来："我活这么大岁数了！连个爱好都不能有吗？他能养花，难道我就不能听戏？"

　　我灰溜溜地躲开，从此放弃了劝说外婆的想法。

　　我不明白外公为什么不让着外婆一点儿，一向博学多识的外公，偏偏在这件事情上，倔得像个小孩子一样。看着两个人每天斗嘴，和外公脸上日益加深的不满，我心里除了担忧，更有强烈的困惑。

直到无意中看到外公随手写下的东西，我才明白了这其中的原因。

"……儿女们不在身边，就会感到越来越孤独，其实我不是反对她听戏剧，我只是希望两人能够有多一点儿交流的时间，毕竟，日子都不长久了……"

我的心中顿时一片清明，拿起那张纸，把它悄悄地放在那台墨绿色的收音机下面。

清晨，婉转的唱句再次响起，然而，这次却没有听到另一个总是跟随着的嗓音。

外公明显心不在焉，疑惑的眼光一直盯着屋内，我推开书房的门，看见坐在矮桌前的外婆，手里小心地拈着那张纸，手扶着眼镜，眼里闪现的，是幸福的光芒……

半晌之后，熟悉的唱腔再次响起，伴随着豫剧深深浅浅的唱调，持续了很久。等到一切都停止之后，外婆走到阳台，拿起那把大喷壶，和外公相视而笑。

外公也笑了，像孩子得到糖果般开心。

我似乎能读懂他们内心的话语：对于别人的在意，如果掩藏在心底，别人未必就能知道。而应该是，以最大的努力让对方了解你的心意，这样才能让梦想成为现实，让寒冬转为暖春。

聆听对方的语言，聆听幸福的起点。

团　圆

胡　月

> 有一种思念，氤氲在月圆之夜；有一份牵挂，囚系在月
> 亮之中；有一次团圆，静默在月光之下。
>
> ——题记

　　外婆的歌谣，是一首我听不懂的诗。但我似乎又听懂了，那里面，有对外公深深的、深深的思念。

　　去外婆家的时候，她正挎着一个篮子从街上回来，看见我和妈妈，忙笑着打开门。还是这样一个小院，被外婆收拾得干干净净。当年外婆和外公一起种下的桂花树，溢出沁人心脾的芬芳，飘入我的灵魂深处，使我的整颗心都温暖起来。那把摇椅，此时在树下，仿佛和外公一样，静静地睡去了。外公和往常一样在墙上对我笑着，那般慈祥。黑白的照片那样冰冷，可外公的笑，却又总是温暖得让我看着看着，就笑着落下泪来。

　　晚些时候，月亮出来了，清冷的月光带着一丝中秋的渴望，一粒一粒平铺在这寂静而温馨的小院。外婆又挎着篮子从楼上下来，默默地来到外公的遗像前。当他们四目相对的时候，我突然觉得那里面有一种力量，一种超越一切的力量。外婆点燃了一对红烛，照亮了她和外公的脸。外婆又小心翼翼地从篮子里拿出纸钱，极认真地点燃，嘴里不停地念叨着什么，像是说给外公听，又像是在说给自己听。盆子里的纸钱卷

缩在一起，一瞬间化为黑色的灰烬。有细长的烟升起，它们纠结着缭绕在外公周围，月亮给它们镀上银冷的光，带着外婆的思念，去向外公的那个世界。外婆一直望着最后一点儿火星暗淡下去，对于她来说，要看到最后一缕烟消失，才会放心。

时近半夜，周围都静了下来，只剩下天上的一轮圆月，还有在桂花树下睡着的外婆。她躺在摇椅上，轻轻地闭上眼，重重地抓着扶手，就像紧紧握着外公的手。月光拂过她深凹下去的眼和微微上翘的嘴角。她的眼角停泊着淡淡的泪痕，她的嘴角却荡漾着浅浅的微笑。是的，外婆在笑，很满足很幸福地笑。我想，她是在梦里和外公团圆；或者，是想起了她身下这把摇椅上外公安详的模样；又或者，脑子里浮现出几十年前那个月圆之夜，俊俏的她和俊朗的外公在这桂花树下海誓山盟：执子之手，与子偕老。花香浸润了他们的心情，月亮见证了他们的爱情。

从此，每年的中秋就成为他们的结婚纪念日。一个与大众共享的却又与众不同的节日。

这一道道月光啊，你是否还记得这样一对老人，相互扶持着走过了几十年的人世沧桑？你是否也听到了这一声声的思念？似水流年已经挠白了外婆的头发，却浇不灭这融融月光。外婆和外公踏着这月光一路走来，留下一长串坚定而执着的脚印。如今外公乘着这月光走了，这月光，却依旧洒落在外婆的身边。它是那么的温暖，我知道，它承载着外公和外婆遥远的思念。

伫立在这样的月光下，看着外婆的脸庞，外公的摇椅，还有他们种下的桂花树，我突然明白，这种思念，这份牵挂，这月光下的团圆，早已超过了生与死的界限，划破了轮回，回到这个小院。

但愿人长久，千里共婵娟。

有一种爱，润物无声

聂天米

那天，又一次从乡下赶来的她，还是对我讪讪一笑，便一言不发地拉着我的手朝校门外走去。而我，在她的拉扯之下，缩着脖子低着头，像是一只受了伤的蜗牛，将尴尬紧紧地躲在自己的壳里。

从还不认识她但听说她要融入我的生活时，便注定我和她之间那座沟通的桥梁是要轰然坍塌的。要不，我和她之间怎么就一直默默无语呢？要不，她怎么会让我在几年光阴中抬不起头来呢？

她用粗糙有力的大手拉着我来到学校旁边的餐馆里，拿着菜单递到了我的面前，笑着示意我点菜。我知道，她不识字的，她只是一个粗糙至极的女人。

点菜，用餐。之后，她又拉着我来到繁华的商业街上。我知道，和以往每次来的时候一样，她又要为我买衣服了。其实，我是不喜欢这种购物过程的。

真的很难想象，她是怎么好意思屡次讨价还价的？更难想象的是，她居然能把价格砍得那么低。她砍价的本事我并不佩服，反而让我一次又一次地感到无比的尴尬。若说她吝啬，可每次为我买的衣服却又不止一件，仿佛非要将我打扮成一只花蝴蝶不可，仿佛非要将整条街逛完不可。可若说她大方，却又在每件衣服的价格上"砍"得特狠，以致让导购员像看怪物似的瞧着我们。因此，对于她的这种爱，我从一开始便在心底埋下了恨的种子，且生根、发芽，直至开花。

因为我知道，在家里，她为那个白白胖胖的小子买东西时，无论价格多高，眼睛是从来连眨都不眨的。连村里人都说她，是个大大咧咧、做事从不拖泥带水的大方女人。而在我面前表现出虚伪的大方、实质性的吝啬，不就因为我不是她亲生的吗？

终于，积怨已久的怒气在我胸中爆发了，宛如蓄势已久的火山，一发不可收拾。当着众人的面，我将那些衣服狠狠地摔在了地上，撂给她一句"别跟着我，以后，你也永远都不要再来"，然后便捂着脸、头也不回地跑了。身后，是她孤寂的身影。

我不是不领她的心意，不是不感激她每次来都要带我下馆子、买衣服，只是，她对我和她的那个胖小子之间那种明显的偏心，让我难以忍受。

那年五一，我从学校放假回家，看到她正在给那个胖小子喂奶。一看到我，她马上放下孩子，笑盈盈地迎向我。而我，只是给了她一个淡漠的表情。她尴尬地搓搓手，怔立在当地。

晚上，父亲找到我，提起了我摔衣服的事情。我一听，顿时怒从心生："她在父亲面前告我的状了？"我将心中对她的不满，终于一股脑儿地倒给了父亲。因为，她告我的状，我也会告她的状。

父亲抽着闷烟，轻声反问我："她每次给你买的东西，尽管讨价还价，但最底线的价格，怕是也要比买给他的高吧？"我一呆，知道父亲说的"他"，就是她生的胖小子。确实，她每次连眼睛都不眨买给他的东西，价格上远远不如买给我的东西，尽管买给我的东西是几经还价的。

"其实，她很爱你，只是你从不给她爱你的机会。"父亲一脸苦涩，"她也想和你在一起，只是她持家，你读书，这种机会，她怎么会得到呢？她只有去你学校，带你吃饭，替你买不止一件的衣服，且磨磨蹭蹭地还价，磨磨蹭蹭地逛街。一切，都是想和你在一起的时间能多一点儿，久一点儿。"

这样的心情，这样的爱，我是绝对想不到的。那一刻，拨云见日，悔恨也便衍生在我的心头。

她再一次来找我的时候，我第一次叫了她一声"妈"。她一呆，久久未语。我又脆生生地叫了一声："妈！"她这才响亮亮地应了一声，第一次挽起了我的臂膀，看我并没有拒绝，才坚定有力地拉着我向校门外走去。她的脸，像是一面升起的骄傲的旗帜。

父亲跟我说的话，我在后来也从未对她说过。因为，我知道，她对我的爱，润物无声。而我亦想过，就让父亲的话永远地成为一个无声的秘密吧。

掺在米粥里的爱

王旭璐

母亲并不是一个贤妻良母型的女人。

打我记事起，家中的一日三餐外加夜宵和下午茶就都是父亲亲自出马。可是，当父亲换了工作后，他的时间表就像是上帝故意安排过似的，完全与我的生活规律交错开来，除了早餐同午饭能勉强应付之外，晚饭就是他插着翅膀也来不及飞回来赶着给我做了。

于是，我的母亲，我那只会煮方便面的母亲，便开始在黄昏绮丽的晚霞中，独自守着袅袅的水蒸气，为她亲爱的女儿煮米粥。

母亲学做米粥的过程并不漫长，在烧焦了几次米饭烫伤了几个水泡后，就可以像模像样地为披着一身夜色风尘仆仆赶回来的我，端上一锅热气腾腾乳白的米粥。也就是从那时起，母亲身上沉睡多年的女人的天分被这浓浓的米香唤醒了，她开始对做粥表现出极大的兴趣。从来买菜只去超市的母亲开始频频出现在菜市场熙熙攘攘的人群中，她甚至还从书店买回一本巴掌大的《中国女人怎样做家庭主妇》小书，一有空就把自己关在厨房里研究。直到一个中午，二叔来到我家。当他尝到那个小锅里的粥后，不可置信的神情便决定了母亲下一阶段一发不可收拾的开始。

然后，晚饭桌上电饭煲里的内容就开始像京剧里的脸谱一样，花样翻新起来，从平常的菠菜粥、荠菜粥、白菜粥、青菜粥、胡萝卜粥到夏日煮好后冰镇过的赤豆粥、绿豆粥，到冬日的花生米粥、羊肉粥、肉丁粥。临近期末考试的复习阶段，母亲天天端来银耳莲子粥和核桃粥。其实我看得见她指甲旁因剥核桃而起的水泡。

粥是清香淡定的，尤其在严冬，坐在明亮的灯下，捧着一碗滚烫的粥，坐在氤氲着舒缓的米香的热气里，我总是能无比放松，无比惬意。母亲肯定是在这个时候，从我的言语神情中捕捉到了"蛛丝马迹"：譬如在学校和老师较劲，与同学闹别扭，最近又迷上了哪个明星，抑或最近的学习情况如何，等等。

那天正享受地啜着碗里的香菇木耳粥，突然想起一个问题，便问正坐在一旁看着我吃饭的母亲："妈，您当时为什么会想起给我煮粥呢？"母亲愣了愣，看着我的脸，帮我擦去嘴边的米粒，缓缓地开口："其实，那时你正在叛逆期，班主任老是找我谈你在学校的表现，你放学后又不往家里跑，总是和同学一块儿在外面玩。我又不敢对你说过激的话，怕你万一哪天真的不回来了，所以妈妈只能在家里一边慢慢地煮粥，一边慢慢地等你回来……"

听着妈妈的话，我在散发着粥香的袅袅热气中，低下头来，泪流满面。原来，妈妈并不是喜欢煮粥，而是将自己对女儿的一颗沸腾的心，放进锅中慢慢煎熬。当我在外面挥霍青春的时候，殊不知妈妈正一个人在家，守着一锅粥焦急地等女儿回来。等着女儿成长的过程，就像等着一锅粥煮熟的过程。而妈妈唯一能做的，就是像放菜一样，将自己对女儿深切的爱，掺进浓浓的米粥里。

红　豆　粥

杨甜甜

红豆生南国，春来发几枝？

愿君多采撷，此物最相思。

——题记

妈妈说我小时候爱喝"赤豆粥"，熬得稠稠的，加点儿糖。家里也种了赤豆，后来知道它也叫红豆，于是我更喜欢叫它红豆，暂且把原因归结为那首《红豆》诗吧！

妈妈熬红豆粥时是很神圣的。站在灶台边，系上蓝印花布的围裙，把颗粒饱满的豆子混入大米里，加水，慢慢地熬。我踮着脚，巴望着它快点儿熟。妈妈浅笑着，她说火候不到的红豆粥是不香的。听到锅盖下那咕噜咕噜声愈发地响起来，心也愈发急躁，不断地问妈妈："好了吗？""再等会儿，等一会儿就好了。"等到真正好了的时候，却已经过了几个"一会儿"了。

掀开锅盖，红豆醇醇的香气便溢满了整个屋子，丝丝甜味夹杂在其中，妈妈为我拿来小瓷碗，盛上一碗，搁些糖，轻轻地放在我面前，浅笑着，转身，离去。身后，只留下浓浓的香气。我急急地喝一口，不烫，咽下去，甚至无须咀嚼，缕缕香滑穿过喉管，唇齿留香。妈妈的笑便模糊在了氤氲的水汽里，缭绕出醉人的笑，有收获时满足的气息。是妈妈，用爱，将红豆的饱满种子悄悄播种在我的心田。

初中住校的日子，忙碌而简单，早早地起了床，到食堂打了一碗红豆粥，找一个靠窗的位置，一个人静静地喝。初春的风有些微冷，穿过窗缝吹进来，不由得打了个寒战。双手紧紧地捧着碗，点点温热便透过掌心的脉脉纹络交集到血管，暖至心头。喝一口，却全然没有当初妈妈做出来的好味道，红豆还有些硬。我想起了妈妈熬的粥，颗颗豆子与大米完全化开了，融合了，有浓稠的香甜。也许吧，是火候还不够。这样的暗想掠过脑际竟觉得很空。莫名地又想起了妈妈那凝结在水汽中的笑，于是心底流出一股浅浅的哀伤。

妈妈远在千山万水外的北国，我一年都喝不到她熬的红豆粥。原来妈妈是在粥里撒了爱，才让它如此香甜！

妈妈，屋后你种下的红豆已发芽了，等你回来，我要为你熬一碗红豆粥，只因为"此物最相思"！

临窗而坐，早晨的空气里有红豆淡淡的馨香。妈妈种在我心上的爱，生根，发芽，长大了！成熟了！我将在某一天摘下它们，给妈妈一个大大的惊喜，一个丰收的秋天！

留 守 娃

陈宇翔

腊月廿四，安东来电话："小宇哥哥，你快回爷爷家呀。"腊月廿六，安东又来电话："小宇哥哥，我的爸爸妈妈快要回来了！"我知道，此刻的安东，是多么期待，他的小脸又是何等灿烂呀！

安东是我的堂弟，今年六岁。他的脑袋大大的，眼睛也大大的，身子显得有些单薄。细密的短发总是卷卷地贴在额头上，显得特别可爱；翘翘的小嘴里喜欢咕咕哝哝的，也不知道他成天在叨叨着什么。安东是个留守娃，爸爸妈妈常年在外打工，安东从小便跟着爷爷奶奶过。

我一回到乡下爷爷家，安东便像只小跟屁虫，前前后后跟着我。那天安东心情特别好，他主动拿出"珠心算"练习本让我出题，我念题，他闭着眼睛，小手一上一下地临空拨弄，我的题目刚刚读完，他便很快说出答案，丝毫不差，让人目瞪口呆。于是，他又拿出小算盘，我继续出题，他又赚取到我更多的称赞。这让好多孩子头疼的科目，却是安东的快乐所在。

于是，我便和安东一起去马洲公园放风筝，一起在大年夜放烟火，一起拜年走亲戚，一起玩电脑游戏……安东的脸上成天洋溢着微笑，他成了世界上最幸福的孩子。

快乐的日子总是那么短暂，大年过去了，爷爷奶奶开始催促安东的父母早日动身。安东知道留不住他的爸爸妈妈，脾气便变得很坏。他不好好吃饭，也很容易生气，此时，谁也安慰不了他。

年初六中午，分别的时刻还是来了。坚强的安东哭了，他赖在妈妈怀里不肯松手，他说，他不要玩具，也不要好吃的，只要妈妈能够留下来陪他。大家都难受极了，就连饱经离别之苦的爷爷也默默地抹着眼泪。

安东哭着哭着，便睡着了，安东的爸爸妈妈亲吻了安东的脸颊后悄悄地离开。我和奶奶到楼下送别，回到楼上，我们惊异地发现安东竟坐在床头，他抱怨："怎么可以把我一个人留在屋里？屋子里空空的。"

父母去了南方，安东又成了留守娃。安东明白，父母是为了让他的明天更好才去外面打拼的，可是，谁能补偿安东的今天呢？

那些酸酸甜甜的杨梅

李凤娟

一直以来，我并不喜欢父亲，不管他如何迁就我，而我，总要在心底生出一种厌恶。

父亲和母亲不和，他们一直分居。父亲热爱他的土地，始终固执地留在山中。而母亲却嫌父亲没志向，她也受不了大山里的艰苦，便带着我，来到城里，过起了她向往的生活。

受母亲的影响，我从小就讨厌父亲，认为他爱土地胜过爱我们，他宁愿舍下我们，也要他的黄土地。于是，对父亲，我选择了冷漠。

每到杨梅成熟季节，便是父亲来看望我们娘儿俩的时间，因为我特别喜欢吃杨梅。那个时候，父亲便会把许多包好的杨梅送到城里。当我吃着那些酸甜可口的杨梅的时候，心里也有些许的感激，也想叫一声"爸爸"，可是，我却怎么也开不了口。看着父亲一次又一次失望的眼神，我的心，总是在这个时候，一阵阵地抽搐。

随着年龄的增长，我似乎又明白了一些什么。以前恨父亲的念头，竟然被时光一点点地打磨掉，我多想站在父亲面前，紧紧地抱住他，然后，甜甜地叫一声："爸爸！"父亲一直在给我这样的机会，我却一次次冷冷地避过父亲的目光，将这样的机会放弃。

又到杨梅成熟的季节。母亲因为太忙，迫不得已，把我送回了父亲那里。

每天早上，我睁开双眼，看到的便是那一个个殷红饱满的杨梅。

咬上一口，酸酸的汁儿，凉凉地渗入心田，甜丝丝的感觉，真是一种享受。

为什么我天天都能吃到如此新鲜的杨梅？这都是从树上新摘下来的。我知道，父亲，一直在为我付出。再咬一口杨梅，它酸透了我的心。

这是一个下雨的早晨，风和着雨，袭击着木制的窗户，发出"嘎吱——嘎吱——"的声响。我醒来了。

我听到了父亲开门的声音，便悄悄地起床，从窗户往外望：父亲戴着斗笠，提着一个竹篮走了。

我起身，打着伞，跟了上去。

雨，越下越大；风，越刮越猛；山路，越来越滑。

走了一段路，父亲来到一片杨梅林中。树冠低处的杨梅，已经被摘光了，而高处的杨梅，由于枝干太密，戴着斗笠的父亲，是不容易够着的。只见父亲取下斗笠，光着头，开始摘杨梅，雨水很快打湿了他的全身……

我含着泪，回到了家里。

不一会儿，门，轻轻地被推开了，父亲蹑手蹑脚地进了房间，他是怕惊扰睡梦中的我。外面下着雨，房间里很暗，父亲开了灯，即发现我正站在房间里。他一惊："你……醒了……"父亲竟然结结巴巴地说不出话来。

我的眼泪，像山泉般涌出眼眶。我一把抱住父亲，叫了一声："爸爸！"

这是我记事以来第一次叫"爸爸"。

父亲愣住了。好久，他才回过神来，抱住我，点点头："唉！孩子……"

我的心中，泛起一阵酸酸甜甜的滋味，好像杨梅……

总有一些爱在记忆里萦绕

聂天米

又是一年菊黄时。

秋风走了，秋风又至。而您呢，却只能于我的记忆里永存。

生前，书是您的至爱。那时的您，一间书房一盏灯，一袋烟斗一壶茶。时光，便在您置身于书香之中淡然而过。领略了《三国演义》里神机诸葛的运筹帷幄，寻得了柔弱的黛玉从《红楼梦》中翩然而来，知晓了《水浒》里的"水泊梁山梦已醒，笑傲江湖曲未终"的义薄云天，还有那《西游记》里悟空的火眼金睛，八戒的憨厚可爱……一切的一切，都是您，将我带入了知识的天地，允许我分享您一缕书香，共占您一分耕耘。

彼时的我问，您最爱的是不是就只有书呀？您笑笑，亲了亲我粉嘟嘟的小脸，胡子扎得我痛且幸福着。您说，不是呀，还有你这个小淘气哩。

确实，我是您最爱的小淘气！

要不，您怎么会把视之如命的书，从不怜惜地借予我，且不辞辛劳地为我打开书中的神奇天地呢？要不，您怎么会经常步行七八里路，到集镇上买来我最爱吃的烤红薯呢？

小学时的一次考试，当我拿着试卷回家时，发现老师将我的答题批改错了，致使我由原本的第一名变成了第二名。您听说了，马上去了学校，吹胡子瞪眼睛地要求老师将分数给改回来。其实，没有必要的，只要我翌日到校说明问题，老师自然会还原我的分数的。可是，您就是那种急躁的脾气，一时半刻都耽搁不得。老师在总成绩表上将我的分数改过来之后，您的态度又来了个突变，一脸堆笑地对老师表示感谢，且对自己起初的行为一个劲儿地表示道歉。还记得当时，就连办公室的老师都笑说，这老头真挺怪的！

后来我亦明白：其实，若不是为了我，还有谁值得您这样趾高气扬却转瞬又低声下气的？

可是爷爷，当您的孙女初长成时，您却离我而去，只在我记忆里留下永远的痛。

那时的您，因为病痛，经常翻来覆去，疼痛难忍，看书的时间也因此少了。可是，每当我去找您的时候，您即使是躺在床上，手里也要捧着一本书。看到我，还故作轻松地"骗"我说："丫头，看到没，要向爷爷学习！知识永远都要汲取，人才能保持永远进步！"其实，那全是因为您经常教育我，不管身处何境，做人都要坚强，且时时要学习！您是想对自己的言行负责，更是想用身体力行来教育我呀！这一切，在泪水潸然的后来，我懂，我都懂！

记得您离去的那天，是我刻骨铭心的时候！那天，病榻上的您再也撑不下去了，呻吟出声，枯瘦的面容上，堆积得尽是痛苦的神色。爷爷，其实，您无须装作那么坚强的！看到我的到来，您竟热泪滚滚。那是我第一次见到您——这个素来信奉"男儿有泪不轻弹"的男人流下的眼泪！那张苍白脸孔上，倏地泛起了一阵浅红，还小声地说了一句令我永生难忘的话："丫头，爷爷不是故意的！爷爷实在忍不住，痛呀！"

那一刻，我的泪水就那么不争气地簌簌而落，像是折了翼的天使，重重地跌落在地面上。

爷爷，您要知道，您的孙女没有辜负您一直的期望——做个身携书香、成绩优异的孩子！我做到了，一直都做到了。因为，在我踏过这十几年的光阴中，总有一些爱在我的记忆中萦绕，挥之不去，逐之不离！

母爱永不寒酸

张琪

　　她看不起自己的母亲，因为母亲的寒酸。她常常梦见母亲摇身一变成了精明的白领，然而，在每一个梦醒时分，面对的永远是那张凝结着愁怨的没有一丝笑容的脸，耳朵中充斥的依然是为生活琐事絮叨的尖细而干裂的声音。于是，她只有努力读书，她想这是她离开这个家的唯一渠道。果然，她考上了外地的一所重点高中。

　　那天，祖父大寿，亲朋欢聚一堂，她刚迈进家门，便清晰地听到母亲正扯着嗓子和姑姑拉家常，说她如何如何用功，考试成绩如何如何好，语调中充满着喜悦和激动。她很烦，她突然感到母亲的迂。她心头火起，冲到厨房，大声地对母亲说："你怎么这样唠叨？有什么好炫耀的？"母亲的表情一下子僵住了。她发过火后，回到了自己房间，从门上的玻璃望过去，母亲正在埋头炒菜，她感觉话有点儿重了，内心荡起对母亲的一丝愧疚。

　　父亲出门了，只能由母亲来送她上车站。她一早儿醒来时，却发现离发车的时间仅有半个小时了。她一边责怪着母亲没有早点儿叫醒她，一边拼命地收拾着东西。洗漱完后她狠狠地瞄了一眼母亲，拎起背包就出了家门。母亲在她身后喊着："不急，吃个鸡蛋再走！"她头也不回，话也不答自顾自地出门去了。

　　"若琳，等一下！"母亲骑着笨重的脚踏车追了上来，肩上背着一个鼓鼓囊囊的提包。母亲一边叫她上车，一边对她说："你把晕车药忘下了，还有我刚给你煮的鸡蛋，还有昨天从镇里买回来的面包、火腿和罐头，路上饿了就打开吃。还有一个小闹钟，你总爱睡不醒，早上别耽误了上课。"破旧的脚踏车发出有节奏的"吱嘎吱嘎"的声音，她尽管还保持着沉默，但心里涌起了一股怜惜和歉意，还有一些说不清的感情掺杂在一起。

"记着来个信，你脾气不好，别和一个宿舍的吵架，凡事退一步，你爸说过两天他去看你……"一路上只有做母亲的把所有她能想到的话都反复嘱咐了好几遍。

汽车鸣着喇叭离开了车站，她透过车窗望过去，母亲，还有好多孩子的母亲站在一起，过时的发型，寒酸的衣着，淹没在人流中。再看看自己，一身新买的李宁，好几百块，母亲吭都没吭，乐呵呵地掏钱就买了，而母亲已经很多年没穿过新衣服了。她低下头，泪水落了下来，她把母亲的背包打开，里面塞得满满的。她伸手摸到了那几颗鸡蛋，热热的，好温暖。

她知道，母亲还是那位衣着过时而又寒酸的母亲，但母爱却永远也不会过时不会寒酸。

就像蝴蝶飞不过沧海

徐晓丽

"丽丽，来奶奶这里，来呀……"奶奶伸出双臂，满是皱褶的脸上，绽放着朵朵阳光，慈祥地看着我。

"来啦！"我雏鸟归林般，一头扎进奶奶的怀中，"丽丽要听奶奶讲故事！"

泪光潸然中，记忆里这些刻骨铭心的画面，在我对奶奶的思念里，又一幕幕地闪现在我的脑海中。

还记得那年春节，看完春晚，已经时值深夜。一向跟奶奶住的我，回到房间，却发现奶奶还未入眠。昏黄的灯光下，她盘腿坐在床上，正一针一线地做着荷包。见我进来，说是给我做的"平安符"。

我心疼她，嗔怪她为什么不早点儿休息。她却说，你不在，我睡不着。你在，我就心安。说到这里，她忽然责怪起自己来："你看我这记性，怎么没帮你留一个热被窝呢。"说完，她赶紧脱了鞋，把腿放进了被窝之中。那一刻，我突然发现，她说这话的时候，居然那么落寞。彼时的她，不惦记着春晚的热闹，忘却了外面漫天烟花的灿烂，唯独寄爱于我。

奶奶有点儿"蛮横"，几乎我的每件事都要亲自过问。父亲帮我买了衣服，她硬说不好看，非拉着我去了集镇上，亲自为我挑了合身的衣服，瞧着我，像是欣赏自己磨砺多年方成就的一件艺术品。我感冒的时候，她给我熬了姜汤，硬是看着我喝了下去，且脸上乐呵呵的宛如孩子。

这样的爱，太多太多，我早就想去一一描述，以表我对她的思念。但是，我这支笨拙的笔又怎能倾泻出那般深情的文字呢？

直到多年以后，病重的奶奶在医院里攥着我的手，老泪纵横。我知道，她是舍不得我呀，舍不得我这个一直陪着她、伴着她的孙女呀。她的嘴唇翕动了好几次，像是有什么话要对我说，却终究没能发出声音。我把耳朵附在她的嘴旁，才听到她微弱地说了一句话。之后，便再也没有力气，终究去了。

在生前，她一直深深地疼爱着我；到病危，她仍然惦记着我。我永远记得，那时那地，她附在我耳旁的那句话："丽丽，你别哭，否则我的心会疼！"

终于在泪水中明白，奶奶对我的爱，若沧海般深厚。而我，就像蝴蝶，飞不过那爱的海洋，永远都被奶奶的爱所包围着，一生一世！

拐角处的爱

许雪菲

你停在生命的出入口，为我寻觅一方无雨的天空，你渐渐苍老了容颜，而我却始终没有发现……

——题记

窗外忽然下起淅沥的小雨，大珠小珠轻盈地落下，敲打着我的窗，好像在弹奏旧时旋律，看着窗外透着黄晕的灯光，撩动了我的回忆。

那天的雨也是如此的细密，我一边抱怨这该死的天气一边冲向停车区。还是老妈有先见之明，早上千叮万嘱让我带了雨衣。我庆幸的同时，又不由得想起昨晚与老妈的"唇舌之战"。我执意要求自己骑车上学，原因是路上可以与几个好友为伴，而顽固的她却怎么也不同意，唠叨了一大堆诸如"安全第一""你骑车还不熟练"之类的话，当然我也是理直气壮地摆出我的理由——"这样可以锻炼独立能力嘛！"最后，老妈还是拗不过我——答应了。而今天，偏偏又碰上了倒霉的天气，好友们一哄而散，哪里还顾得上我。我只好独自一人摇摇晃晃骑着车冲进了雨幕。

路上的行人一脸匆匆，恨不得马上飞回家。置身这方冰冷的天地，我开始怀念我那温暖的小窝，不由得加快了速度。近了，更近了，还有最后一个巷道了。我在心底默念。小车驶进窄窄的巷道，巷中只有零星几盏暗黄的灯，脚下的路崎岖不平，看了真叫人心里发怵。我硬着头皮向前骑，忽然从颠簸的自行车声响中，分辨出另一种声音——脚步的咔嗒声。那声音断断续续，向我这儿靠近，像生怕被什么人发现似的。我的脑海中不由得浮现出那些恐怖的镜头——我不会被坏人跟踪了吧！看见前面的拐角处有一盏路灯，我壮起了胆子，心中暗生一计。

过了拐弯口，我向前骑了一小段路，便将车上的反光镜调至最合适的位置——对准转弯口，只要等那人一现身，立即就会被我发现！我正为我的机智暗喜，拐角处路灯下一个熟悉的身影出现了，居然是——妈妈！不会错的，她还穿着昨晚在我面前炫耀的红色皮靴——现在上面满是污泥。我装作什么也没有看见，继续向家骑去，心里却在抱怨妈妈言而无信。

果然，本来早早下班的妈妈竟比我还要到得迟。爸爸的疑惑刚要问出口，被妈妈一个眼神制止。但这一切，都被我看在眼里。我觉得，此刻，妈妈就像一个谎技拙劣的孩子。我假装一无所知地问她："你上哪儿去了？""我，我去超市转转。"满意地看着她中了我的圈套，我带着一副胜利者的气势说："妈，你去接我了吧！你言而无信，你忘了你昨晚说的话吗？"妈妈抬起头来，上面写满了诧异："你怎么知道？""其实，早在拐弯我就发现你了！"我的语气中有藏不住的自豪。她的脸霎时变红，声音窘得像个犯错的小孩儿："其实，我不是去接你，我觉得你说得对，是应该锻炼独立的能力，可是，一到你放学的时间，我就心里不踏实，我就想远远地跟着你，看着你平安回家……"一刹那，我觉得一股巨大而浓烈的愧疚与感动充斥了整个胸腔，我才醒悟真正错了的是我——年少轻狂的我，或许在某些事上可以凭着那份张扬和智慧取胜，但唯独于母亲，我永远是败者。我的心若是一座城堡，恐怕只能将母亲置于拐角；而母亲虽只拥有一方拐角，她却努力给我一座城堡般伟大的爱！

也只有母亲，在我们阅尽千帆、历经霜寒之后，会在路的尽头迎接满身疲倦与伤痕的我们，耐心倾听我们的苦水，分担我们的绝望，陪我们度过漫长的严冬。于是，峰回路转，我们在拐角处发现了母爱，发现了明媚与温暖。

窗外的雨还没停，我站在窗边，看着窗外的雨不停地落在这方小小的土地上，它包容了所有天空的眼泪，毫无怨言。眼前顿时弥漫开一层浅浅的水雾。

留在唇间的幸福

张利琴

"老伴哎，你知道吗？今天……"

每当上午八时，素净洁白的病房内，总会出现一个奇怪的老头，他伏在一张病床边，一只手上拿了一根沾了水的棉签，轻轻地为躺在病床上的女人润湿干裂的唇。

病床上的女人，双眉微微蹙蹙，神情却又很安详，虽然被病魔折磨得瘦弱如柴，岁月的痕迹却依然没能掩盖住她昔日的美丽。

床头的柜子上，竖着两张泛黄的照片，一张照片上是一对年轻的男女，他们在灿烂的夕阳下相倚在湖边的石凳上，双手十指相扣，那样年轻，那样甜蜜，另一张照片，是一对年老的夫妻，在瀑布般的紫藤萝下相对而坐。女人青灰色的发髻间别着一朵紫云，是丈夫为她戴的吧，我分明看见女人脸上微微一抹红霞，这对老夫妻，如初恋中的男女般羞涩而甜蜜。

照片上的女人是我的奶奶，而那个男人就是伏在病床边呢喃的奇怪的老头，我的爷爷。

爷爷本有在早晨遛鸟的习惯，可自从奶奶车祸瘫痪后，他就再也没出去过，一是出于愧疚，奶奶的车祸，就是因为去找他才……二是因为医生说，只要坚持与奶奶说话，说他们过去的美好回忆，兴许，就能唤醒奶奶。

"老伴，你还记得吗？那年夏天，我们第一次相遇……"

爷爷替奶奶润完口，起身盛粥。医生说，奶奶不能吞咽，只能吃些流食，爷爷便一改吃油条的习惯，陪奶奶一起喝粥。

"那年夏天，你身着一袭白裙，我一看就惊呆了……"

爷爷一边盛粥，一边却仍不忘与奶奶讲话，他端着浅浅的一碗粥，在奶奶床前跪了下来，这样既不会太高又正好够着奶奶的嘴。爷爷用白色的小瓷勺一勺一勺地喂奶奶，稀薄的汁水从奶奶嘴角流了出来，爷爷便赶紧用湿毛巾为她拭净。

"老伴，多少吃一点儿啊，我告诉你哦，今天的粥里我偷偷地放了一勺糖，你最爱吃甜食了……"

奶奶车祸后，因为难以吞咽，医院本来准备在她的腹部开了小口，插上管子，把食物直接从那里灌进去，但爷爷却坚决不同意。

"不行！"

医生办公室里，爷爷扯着嗓子大吼，身体因愤怒而微微颤抖，"我的老伴，决不能让你们这样折腾！"

"老伴儿，吃点儿吧，不然那些庸医可就要给你插管子了，多疼啊。"

病床前，爷爷像哄孩子般哄着奶奶，而粥水却依然从奶奶的嘴角流下，直至颈处。

"好了好了，咱不吃了，都怪我，我这孬种，我该死，要是我不去遛鸟，你也不会这样，我该死……"

爷爷放下碗，用双手不停地拍打自己的脸，浑浊而充满血丝的眼睛里溢满了泪水。

他的指尖轻轻地在奶奶唇间滑过，黏黏的，热热的，那温淡的幸福感却斥满了全身。

留在唇间的幸福，此时正笼罩着两个老人，一个是爷爷，另一个是沉睡的奶奶。

放　逐

颀春燕

　　当思绪在回忆的路上穿行，自己最感激的，还是被妈妈
放逐的岁月。

——题记

　　那年她刚上小学二年级，妈妈为她选择了一个新的学校，而那天正是开学第一天，也是报到的日子。当别家的小朋友被爸爸妈妈紧紧地牵着小手去学校时，她的妈妈却只是从口袋里摸出几个硬币递给她，告诉她如何从家门口的车站乘车去报到。回过身，那背影已渐行渐远。妈妈不关心我，小小的脑袋带着这气愤的想法离开家。最终倒也没有出什么差错，准确地到了自己的新班级。只是从此，对妈妈，她还是有点儿怨恨的。

　　初一那年，由于户口的关系，她不得不离开北京回家乡读书。妈妈帮她收拾一些衣物，递给她一沓钱，让她自己带了证件上首都机场买机票。她没吱声，拿了钱就出门了，转了几辆车才到了机场，好不容易找到了售票处，这才发现在首都机场买张机票有多么的复杂，足足花了她三个多小时才艰难搞定。她捧着机票的那刻，心狠狠地被抽了一下，为什么别家的孩子不用被逼着做这些事，为什么我的妈妈却偏要让我提前面对这些，妈妈不爱我，她一点儿都不在乎我！她提起手臂乱抹了下眼睛，冲出了机场。

离开北京那天，爸爸的车把她送到机场大门口，就在那儿，爸妈让她下车，自己进去等飞机。然后两人驾车离开了。她看着车子离去的背影，苦笑了一下，拖着行李箱走进机场。然后，她傻眼了，1号门、2号门、3号门……足足七八道门竖在那儿，可她到底该从哪上飞机呢？她先后问了三个行人才找到咨询台，然后才顺利地回到自己的家乡。

一周后，她只身去了家乡所在的市区里一个外语实验学校。她自己办的转学手续，自己付的学费，自己申请的住宿，自己买了所有日用品，自己去新的班级报到。老师惊叹于她的自理能力。对这些，她只能苦笑，那可都是拜妈妈所赐呢。

三年，晃眼就过。她的成绩永远处于班里的顶峰，每回都可以超过第二名三十分以上，老师欣赏她的冲劲、工作能力和有理有据有进有退的好口才；同学们喜欢她的京味儿口音，喜欢她爽快干脆的性格，更喜欢依赖她。她庆幸，庆幸自己的能力和大胆，溯源，这似乎是妈妈"培养"的结果呢。

三年的寒暑假，她只和爸爸妈妈待了几次。她与父母似乎并不怎么亲近。直到有一次，因着一些小事儿，她与妈妈争吵起来，晚上十点多，她摔门跑出家。茫然地在家附近走走停停，不消片刻，爸爸跑出来找她，要带她回家认错。她拒绝了，爸爸陪着她坐在公园长椅上，讲起了她小时候的故事。爸爸说，她刚上小学二年级时，妈妈让她单独去报到，其实妈妈多么不放心呀，她在前面走，妈妈便远远地跟在后面，直到她走进校门才放心离开。爸爸说，她初一回家乡读书，他们扔下她后，开车绕了机场一圈就回来了，妈妈躲在车里，一直等到飞机起飞。其间，妈妈打了不下五个电话给在机场接她的叔叔。爸爸还说，她在家乡独自生活的这三年，妈妈每星期都得给爷爷奶奶打电话，让他们在周末她回家时多准备些好菜，妈妈从不忘定期给她的银行卡存钱……

她听了很多妈妈在背后为她做的事，那个夜晚，她放下对妈妈的所有偏见，也明白了妈妈冷酷表面之下深挚的爱。

初三毕业的暑假，她独自订了去北京的机票。出发那天，她早早到了候机大厅。而本该在下午五点登机的她，却由于雷阵雨突袭，飞机在温州机场迫降，无法按时登机。六点，七点……一直到第二天凌晨两点时，她终于登上了前往北京的飞机。四点，飞机降落，满身疲惫的她拖着行李走出机场，爸妈已在机场门口等候。看到他们的那刻，她突然有点儿想哭。

当车子再次留给机场大门一个背影时，她的心境变了，她知道，在首都机场的停车场里，爸爸妈妈在车里待了足足十一个小时，那儿的停车费是五十元每小时，她懂，当爸爸一次次不厌其烦地掏出钱包时，一同被掏出的，是两颗牵挂着的心。

这次，她不再埋怨，不再愤恨，她理解了妈妈当年所做的事，理解了妈妈一定要放逐自己的良苦用心。她理解了妈妈当年的狠心与决绝，妈妈当年的偷偷相随和不安。而她回报给妈妈的,是一个有魄力、有理想、有能力的女孩儿。

母亲的节日

罗登高

国庆长假的第一天，我拒绝了同学们外出游玩的盛情邀请，急切地回到了家。因为我已经很久没回家了，我想起了家里的母亲。雨过天晴，空气格外清新。正是收割的季节，老家大院里没有一个人，只有满场新鲜的谷粒，飘出缕缕清香，在空气里弥漫。

我知道母亲正在打谷子，便向自家田里走去。清风送来凉爽和收获的味道，让人感觉惬意。远远看见母亲穿着泛黑的蓝色衬衣，把着稻草，无力地重复着打谷的动作。叫了几声她才听见，应了一声便说："来，拿钥匙回家把门打开，待会儿给你做好吃的。"我要下田帮忙，她不肯，说："懒得给你洗衣服。"接着又是一阵疼爱的训斥和唠叨，之后便问我在学校的情况，我一一告知后，母亲脸上露出了难得的笑容，额上的皱纹随着笑声拉得老长，凌乱的头发泛着几许银白，在风中飞舞。我来之前她已经开始把新打下的谷粒向口袋里装了些，说话间就装好了。之后她捶了捶腰，俯下身让我把口袋抬到她肩上，我不肯，坚持要自己扛，又被她训斥了几句，我拗不过她，只好抬到她肩上。可她扛着谷袋没走几步便一个趔趄摔倒了，幸好人没受伤。她慌乱而又熟练地收拾地上的谷粒，重新装好，我心中不忍，坚决不让她再扛了，她才依了我。我扛着谷子向家走去。刚打下的谷子，还有些许甜甜的清香，又带着浓重的泥土气息，可想起母亲扛谷子的情景，我鼻中谷粒的香味瞬间又变成了汗水的味道。

在晒谷的院坝里，母亲摊开谷堆，拣除杂草，动作自然而又熟练。母亲一边侍弄着谷子，还一边告诉我关于父亲和姐姐在外打工的情况，边说边不停地叹气。叹气是母亲的"招牌动作"，表明她心中又有不顺了。我便不时地安慰她几句，也就是在这时，我又看见了母亲脸上那四十几岁的人本不应该有的沧桑。我知道那不只是时光雕琢的痕迹，也是为生活操劳的见证。

回到家，桌上放着几个野果，母亲说是打柴时见着的，随便也就摘了回来，还给了邻家孙子一些，就剩这几颗。母亲又讲到她儿时的一些趣事和委屈，这些重弹的老调告诉我，母亲开始怀旧了！也只有那些过去了的美好能让母亲脸上活泛出些许快乐和幸福，暂时地把疲劳打发开去，也只有此时母亲的笑声才最真实和悦耳。

晚餐的饭桌上依然有那几样我自小便爱吃的小菜，但现在尝起来却没有了以前的那种美味，多了另一种酸楚的味道，具体如何，我却说不出来。

夜深了，躺在床上，耳朵里传来母亲熟睡的声音，深沉而又热烈。在我的记忆里，母亲的睡眠是安适酣美的，不知从什么时候开始有了如此磅礴的气势，粗重的鼾声声声入耳。我又想起了今天是国庆节，因为放假，我的那帮同学应该疯得正起劲吧。我突然想到，我母亲知道今天是节日吗？因为我自始至终都没告诉她。我知道今天很多人正如我的同学一样欢快，为家国，更为自己；不过我的母亲，也在乡间的田野上，用劳动向祖国献礼。这，一定是母亲想不到的。

胡乱思想着，我渐渐入眠，睡梦中，我又看到了她手上的道道裂痕和扛着谷袋摔倒在地上的情景。

细 腻 的 爱

孙春广

从来不生病的爸爸倒下了，曾经生龙活虎的他如今病恹恹，没有一丝精气神。

没有了强壮的爸爸的支撑，家里仿佛一下子塌了天，妈妈每天手忙脚乱地做着这个忙着那个，还时不时地脾气爆发，我成了可怜的受气包。

刚刚因为脏衣服没有洗，被妈妈炮轰了一顿，我伤心地搬个马扎，坐在院子的阴凉处，望着丝瓜花发呆。

初秋的丝瓜，正是枝叶繁茂到鼎盛的时期，一片片硕大的叶子顶着几只七星瓢虫在微风中飒飒地响，几十朵艳黄的丝瓜花在蜜蜂嗡嗡的宠爱下，露着含蓄的笑脸。我感觉自己此时就像那垂下来的丝瓜，就等着被妈妈放砧板上咔嚓了。

妈妈不喜欢花花草草，对于到处张扬爬蔓的丝瓜是深恶痛绝，以前管理丝瓜是爸爸的事，如今妈妈当政，这丝瓜花怕要遭殃了。

我无聊地提两桶水，浇在丝瓜根下，不料恰被妈妈碰了个正着，妈妈面色一沉，"家里都乱套了，你还有闲心浇丝瓜，去！马上给权剪了！"

在妈妈的威逼下，我无奈地拿出剪刀装模作样地给丝瓜打打小的枝杈，一不小心，咔嚓，完了！我把高出地面一米左右处的主枝给误剪了，丝瓜藤里储存的水分像委屈的泪珠一样大颗大颗地滴在我的脚背上，打湿了我烦乱的心。

不知何时，爸爸佝偻着身子已经站在我背后，看着剪断的丝瓜，爸爸晃了晃身子跌坐在马扎上，一阵咔咔震天响的咳嗽声，让他再也无力站起身来，他的脸色更苍白了。

"他爸，他爸，是我错了，我不该让儿子剪丝瓜，你别为了丝瓜生气了。"妈妈想拉爸爸起身，却被爸爸赌气地甩在了一边。

妈妈朝我使一下眼色，我赶紧对爸爸说："爸，别担心了，我学过生物课，这丝瓜没事的，我用嫁接的方法把主枝接起来，这上面的丝瓜照样长。""真的？"爸爸有点儿半信半疑。"你聪明的儿子什么时候骗过你，瞧好吧！"

我用塑料袋把断开处接上，然后密密地缠了几圈。爸爸苦笑着拍了我两下，被妈妈扶着进屋了。

第二天，天还黑蒙蒙的，我就爬起来看丝瓜，到了院子里一看，妈妈早已经站在了那里，浑身露水，连头发上都滚着晶莹的露珠，裤腿挽着，两只黄胶鞋上沾满了泥巴。

"妈，你这是——？""傻小子，你的嫁接没成功，昨天半夜起来，我就看到藤蔓蔫了，叶子干恹恹的，花落了一地，肯定要枯了。没办法，我找了你二婶，去她菜地里连土带泥地移了一棵。你看，晚上移成活率就是高，你瞧，可以以假乱真吧！"

看着妈妈带着血丝兴奋的眼睛，我一句话也说不上来，只有使劲地点头，我想妈妈也明白这丝瓜，也许是爸爸的精神支柱，如果丝瓜干萎了，爸爸对自己的生命也没信心了，就让这移来的丝瓜带给爸爸生命的力量吧！

我默默地靠在妈妈身边，握住了她冰凉的手，我想爸爸会好起来的，有妈妈这么细腻的爱，我们一家都会好起来的。

妈妈是妹妹

张卉

蜷缩在沙发上，没有焦点的眼神盯着电视机上快速流动的颜色，不耐烦地加快了按遥控器的频率。

嗒，嗒，嗒。电视屏幕上跳跃的画面突然停了下来。

"你没说累，揉着小腿，笑说暂停歇一歇……陌生世界我却感觉好安全，你累不累都这些年，身体也不如从前，我走最前你在后面，世界悄悄改变……宁愿妈妈你是妹妹，爱玩就玩有我照顾你，可是妈妈你爱皱着眉……我们之间无所不谈，就是没说过我爱你，也许这次当你听见，你会笑了又皱眉……"

柔软的女声配合着高低起伏的曲调隔着空气向我袭来。我吸了一口，嗯，真好。

妈妈，这个永恒的主题，在一次偶然中又重新被提及。

"宁愿妈妈你是妹妹，爱玩就玩有我照顾你。"一词一句带着浓重的疼惜，甜蜜地扑满我的心房。妈妈，你是我的妹妹，你捣乱、你胡闹、你赌气、你要赖，都有我照顾你。我在沙滩上看你把沙子堆成城堡，看你笑得不亦乐乎；我在玩具屋里看你把积木搭成高高的木塔，看你笑得忘乎所以；我在床边看你把被子蹬得乱七八糟，看你笑得没心没肺……

可是，妈妈，你真的是我的妹妹吗？

你是爸爸。我的台灯坏了，你帮我换灯泡；我的闹钟不响了，你帮我修理好；我的钥匙丢了，你帮我找回来。别人小时候被妈妈抱着，我却喜欢把你当爸爸，骑在你的肩上，因为可以看到远方。别人小时候要妈妈搂着，我却喜欢把你当爸爸，要你背着，因为你的背比床要宽。别人小时候被妈妈牵着，我却喜欢把你当爸爸，扯着你衣角，因为你的手要为我做更多事。你是妈妈，也是爸爸。

你也是姐姐。总是喜欢故意冒犯你，看你生气的样子很可爱；总是喜欢在你面前吹牛，看你崇拜的样子很有趣；总是喜欢拉着你说废话，看你郁闷的样子很好玩。你是我活生生的日记本，每天的开心烦恼都在你耳里。你和我讲你的同事、同学，我和你讲我的老师、朋友。你是妈妈，也是姐姐。

你还是妈妈。放在那的脏衣服你帮我洗了，撕扯破的烂被子你帮我缝了，乱丢一地的书本你帮我捡了。你和我就像一张保险单，我是受益人，你是担保人，担保我的爱、担保我的温暖、担保我的一切。哪天，我起床看见放在床头叠整齐的衣服，躺在杯子上已经挤好牙膏的牙刷，摆在餐桌的果汁面包，我知道，是你，我的妈妈，是你给我制造的惊喜和温馨。

那么，妈妈，你会不会是妹妹呢？

应该不是。你脸上的皱纹多了，你手上的老茧多了，你头上的白发多了。你的记忆差了，你的脸颊瘦了，你的视力弱了。妈妈，你怎么了？妈妈，我宁愿你是我的妹妹，你的床铺我来叠，你穿脏的球鞋我来擦，你弄丢的娃娃我来找。但是，妈妈你要多宠爱自己，这样才会更美。

"宁愿妈妈你是妹妹，爱玩就玩有我照顾你。"

偶然发现，妈妈还是——还应当是我的妹妹！

旋转木马没有老去

　　我终于明白了，旋转木马并没有老去，老去的，只是我们的心灵、我们的童年，还有我们的梦想。或许成长就是一道没有疤痕的足迹。

　　空无一人的游乐场里，永远不会老去的旋转木马正旋转在那个曾被千万个童年驶过的印辙里，承受起自己的痛楚，担当起自己的孤独，用属于自己的语言，唱出独特的歌，目送着我们与那个旋转而快乐的年代告别，离去。

捡起内心散落的文字

王钦

曾经，我只是文字对岸的一个信徒，像对待上帝一样对待那些珍宝，从来不敢对它有半点儿亵渎，害怕由于自己的不慎玷污了那一片神圣。可是，对岸迷人的风景一次次冲击着我的内心，我知道，我将驾船渡河。

开始打造自己的渡船，却不懂得造船的技术，不懂得怎样用零散的文字拼凑成完整的小船。有人提醒我："好风凭借力，送我上青云。"对！我读过李白的天真烂漫，"脚着谢公屐，身登青云梯"；我读过杜甫的忧时伤怀，"感时花溅泪，恨别鸟惊心"；我读过冰心的"爱在左，同情在右"；我读过徐志摩的"我挥一挥衣袖，不带走一片云彩"……

于是，我用李商隐细腻的柔情作船舷，用李易安坚韧刚毅的品性作船帆，用史铁生顽强不屈的精神作船桨。登上自己精心打造的华美的渡船，虽然兴奋得坐立难安，我却失去了那一份崇拜。原本美好的情感，生硬地拉在一起显得不伦不类；原本感人心田的语句，如今看来却是如此造作。未至江心，我的小船却经不起海浪的次次冲击：易安的帆沉重地倒下了，义山的舷碎成了句句文字，我则重重地跌入江心。落魄地游回岸边，我再也不敢抬头看隔岸的天堂，我害怕自己成为"画虎不成反类犬"的笑料。

老者靠近，听过我的倾诉，睿智的笑声反而增添了我的疑惑。

"你的方法很好，模仿名家是一种写作的捷径，可是你忘记了最重要的一点：你自己！记住，写作不是为了写文字，而是为了表达你自己！"我顿悟！

收拾好自己的心情，重新拿起笔。这次，我要造一只属于自己的小舟。于是我用自己的阅历作船舷，自己的情感作船帆，自己的毅力作船桨。我又想起了什么，于是我用李白的"黄河之水天上来"和杜甫的"星垂平野阔，月涌大江流"融成玉砌雕栏，把李清照的"兴尽晚回舟，误入藕花深处"雕成一朵朵精致的小花，点缀于我的船帆之上⋯⋯

如今，我像拾起一颗颗珍珠一样，捡起我内心散落的文字，然后尽情地看着它们在笔尖恣意流淌。我知道，从文字中我找到了自己。

聆　听

亓聖蓉

我们是去看泰山日出的，但天气不好，竟落着轻轻的小雨。

走过岱庙。然后，乘车盘山而上，绕过那一片片的绿荫。在淅沥雨幕的遮掩下，下车。抬头，异常清晰地，透过稀疏的小雨看见了南天门。虽然大道笔直地倾斜而上，上面堆砌着有序可数的台阶，但已隐隐感觉到了他的巍峨。站在他的膝下，已经听见了那令人心驰神往的钟声。

也许，因为泰山自古以来是每位帝王都必须登上的峰峦，他就拥有了那些修整得分外平坦宽阔的石阶。泰山的阶梯完全不像其他的山，没有武夷山的高耸，没有大明山的秀美，没有庐山的灵气，抑没有黄山的嶙峋。他有属于自己的风格，更多的是一种从智慧中隐隐透出的威严，就如同一个英明神武的帝王，俯瞰着自己的子民。

拾级而上，听见脚下鞋底与石头摩擦的声音，时光倒流，封禅大典，仿佛听见了流转千年的一呼二拜、三跪九叩，那些恢宏帝国的陈年往事，仿佛历历在目。能听见从峰顶的那端传来的庙堂里的钟声，香火不断，敲钟的僧侣也不停。在钟声里，自然便心静下来想起自己的，或别人的某些往事。

好不容易才与南天门站立在同一平面。向下瞧，才意识到已经可以俯视许多的东西。而再抬头，又是平整可见的台阶以相同的高度堆砌向上，远远望去，那个瑰丽的地方似乎被浅浅的烟云所笼罩。山的高度以及湿湿的空气使人的头脑更为清晰，站在崖上，眺望出去，那是一种怎样的波澜壮阔。我好像是听见了远古的钟声，砰砰地敲打着人心。

雨不再下了，可山顶却被一片蔚蓝的雾霭紧紧环绕。

耳边的风轻轻地呼啸，还有玉皇顶上庙堂里的香火与佛钟的锤鸣，使这印刻着威严气魄的峰峦更接近于天宫神祇。很自然便想起了杜甫"会当凌绝顶，一览众山小"的慨叹，真的是有感而发，由情而出。鸟儿形单影只地从这峰上很快掠过，黑色的一撇，只在这蓝色的世界里留下了"扑棱棱"拍翅的声音。

听着钟响，我摸着身边的泰山石，想要将这希冀永远地烙刻在这个地方，玉皇顶，古时几乎所有君王曾向往过的圣地，而我如今就站在这里。

泰山，这是个融汇了历史与现代的地方。他平静，智慧而又尖锐；他像个伟大的君主，让人忍不住顶礼膜拜。现在虽离那些遥远了，可每当困顿不堪或是失神想要放弃之时，耳畔总会响起那令人安静的古朴的钟声。

聆听，使我心中腾升一种庄严的感觉，自然而然地把心怀轻轻打开。

夕阳·几米·凉歌

于 超

"如果受了伤就喊一声痛,说出来就不会太难过,不去想自由,反而更轻松,愿意感动就是种享受,生活,生活,会快乐也会寂寞……"张悬的《儿歌》还在耳边轻轻地响,我轻声呢喃:会快乐也会寂寞。

——题记

1. 夕阳

淡淡的橘黄为天空罩上了一层悲凉,我倚在路边看那唯美的夕阳,不是为了别的,只是为了感伤。夕阳将我的影子拉得老长,那抹被拉长的孤独那么突兀,那么哀伤。我们的寂寞是透明的,只有在这寂寞的夕阳中,我才会发觉它的存在,我知道夕阳总是会坠落的,但它带给人们的美好却是那样的妙不可言。就是这样的矛盾,好似生活,忧伤得不想再拾起快乐,却可以轻易地发现悲伤背后孕育着更大的希望!

2. 几米

几米——一个我喜欢到骨子里的精灵,他的每个主人公都让我震撼，我想他的笔尖下流淌的是他的灵魂吧，我感觉得到失乐园里的每一个孩子都是几米的写照。他笔下永远是不易察觉的哀伤，一个个截然不同的角色不停地上演，唯一一成不变的，只有那抹哀伤。几米是聪明的，他从不会丢掉他心灵的本质，而我们呢？梦里梦外，我们分不清，谁能说自己看得到最真实的自我？

3. 凉歌

其实，就在这点点滴滴的感悟中，我们学会了长大，可以在失落的背后看到那隐匿的希望，同样，寂寞也住进我们的心里。其实，寂寞并不是沧桑，夕阳是寂寞的，为夕阳西下叹息的我们是伤感的，而当夜幕降临时，依旧叹息不已的人，则是可悲的，他们看不到夕阳真正的寓意，不明白夕阳的坠落，正是为了孕育新的希望。

几米是寂寞的，寂寞并快乐着。又寂寞又堕落是可怕的，几米的又寂寞又美好，才是幸福的。听，寂寞在唱歌，唱着被我们搁浅的岁月的凉歌，也许我们该为自己的幸福画一条最浅的底线，这样才能从最平常、最琐碎的日子里品尝到幸福的滋味。

耳边的歌再次传来："生活，生活，会快乐也会寂寞，生活，生活，明天我们好好地过！"一个声音传来：这才是最真的生活。

蓝天像什么

黄志明

"蓝天像什么？"一次在回家的公交车上，一位母亲问我。她身旁靠着一个六七岁的小女孩儿，拿着一本被揉得不成样子的语文书，咿咿呀呀地用不大标准的普通话读着课文：弯弯的月牙像镰刀，忽然一下变成了香蕉，一会儿变圆了，又像一个月饼……那是我熟得不能再熟的语文书，人教版。我小学时也用过，上边那篇写蓝天的课文一直沿用至今。我已记不得那篇课文到底写的是什么了。但可笑的是上边有一道练习题居然问蓝天像什么。

这倒把我难住了。一道小学二年级的习题，居然让我伤透脑筋。我不知该说什么好，那位母亲有点儿着急。

终于我不得不挤出几个字："蓝天像碧海。"

那位母亲十分失望。她告诉我，一天她的女儿在做一道练习题时问她这个问题，她也是随口就答像大海。可是深居内陆的女儿还没有见过大海，她怎么知道大海是什么样子呢。

我一下子蒙了。蓝天像什么？它就像大海呀。它不是像海一样无边无际吗？可是，面对小女孩儿那双懵懂的眼睛，我又把话收了起来。

"唉，现在的课文真死板哦。"我不禁感叹。

以前我在读小学的时候也背过这样的句子，蓝天像碧海，月牙像香蕉什么的。

我一边思考那个问题，一边望着窗外的景致。高速公路两旁有许多农舍，已经过了秋收的时节，农田里留着短短的稻茬。鱼塘边停歇着几只白鹭，天空中也有几只白鹭，洁白的羽毛自由地挥舞，那么的随意，那么的自由。

"为什么？为什么蓝天一定要像大海？"我问自己。如果把这个问题问其他的人，我想答案也是这样。但是蓝天就一定要像大海吗？为什么就不能像别的呢？

那几只白鹭把我的思绪带上了天空。我仿佛看见天空可以包容下一切的笑颜、温柔和期待。它不像大海，没有大海的雄壮和急迫。

"它像孩童自由的心啊。"我说。

那是一种自由的色彩。没有任何界限，没有任何形状，没有任何一种固定的色彩。它可以每天以一种全新的形式出现，也可以随意地变换颜色。它绝不像大海，有地平线的限制。它是自由的。对，自由。

于是，我问那个小女孩儿："你说蓝天像什么？"

小女孩儿向着天空望了一眼，说："蓝天就像蓝天啊。"那位母亲笑了。

金 字 塔

申梦怡

我喜欢埃及，喜欢她的神秘，也喜欢她那种近乎忧伤的美丽。从不肯去轻易触碰埃及这个话题，总觉得世间的一切喧嚣、繁闹会沾染了她泛着淡淡光芒的外衣。金字塔，是埃及的象征吗？我轻轻地摇了摇头，用的是一种类似轻蔑的神情。其实，儿时，向往金字塔，向往那儿的一切，塔旁的白色沙漠花、送水的沙漠骆驼、络绎不绝的游人，还有举着摄像机疯狂拍照的各地记者，那些不同的语言，给我印象中的金字塔披上了朦胧的轻纱。

偶然，看了一个旅游节目，我惊异地发现金字塔竟然就在开罗公路旁，汽车挥扬起飞扬的烟尘，金字塔身后耸立着一座座高高的现代住宅。当那个傻乎乎的导游刚把镜头切向金字塔时，埃及，依旧神奇，充斥着历史的味道，只是金字塔，被我重重地从心里删去。因为，那个原本最神圣的地方，已被城市产生的烦恼占领。

每天行走在现代都市里，对某些应该感动的事，早已麻木了，对某些当以英雄看待的事，也是嗤之以鼻。烦恼，无处不在。年轻人为谋生、孩子为成绩、老人们为健康、中年人为家庭。法老王的棺木，早已被这些烦恼侵蚀，不复存在了吧？四外飘散的白色小花，一片片凋谢，枯黄，归尘，归土了吧？

不记得到底是哪一天，我翻箱倒柜地找书看，一本看起来很旧的关于古文明的书掉下来，"咚"的一声落到了地上。我轻轻拾起它，打开了书的扉页，上面的一句话让我震惊了："每一处古老的文明，不仅是历史的见证，也是今天的见证，向我们的子孙讲述今日我们的辉煌。"原来是这样，我释然，不是金字塔不够牢固，只是我们过于脆弱。

这么多的烦恼，是昨天的重现，也只有这么多的烦恼，才能体现出快乐的珍贵。金字塔不会倒，现在，它只不过是在记载，记载每一个过客、每一个游人、每一粒灰尘，以及他们每一次最珍贵的烦恼。我们，也是历史麾下的另一个记载者，在记下烦恼的同时，也记下了同等的快乐感受。

天渐渐黑了下来，四周的邻居也陆陆续续地开了灯，我拿出那本《文明史》，细细翻阅，突然我笑了起来，是不是这本书里潜伏的烦恼最多呢？

搭　　档

廖瑞嘉

春临，几次斜风细雨，将窗外的景色冲洗得渐淡若无，思绪远扬。

我紧盯着悲鸿先生的《箫声》，画中的少女手持长箫，眼神那般凄凉、孤独。形单影只的她仿佛是整幅画的中心，将人们带入一个极其孤僻的世界里来。

在散乱的灯光下，这幅画的剪影已经刻在我的心中，因为这幅画就是我的写照——孤独而自我。

正当我还在与这幅画对比时，旁边有声音道："你喜欢这幅画吗？我看你站在这儿很久了。"他像是这儿的导引员，架着一副眼镜，眼光深邃地看着这幅画。我有些不自然，但壮了壮胆说："是啊，我最喜欢这种幽静、孤独、带些悲恸的画了……"他沉默了一会儿，随即开口："虽说我不是专家，但我觉得你错了。这幅作品不是要呈现孤寂之美，不然，你看，她和她的搭档……"

"什么搭档？"我忍不住打断了他，"不就她一个人吗？"他指了指少女手上的箫说："难道你忘了把它给算进去了？""呵呵，不要以为人和人在一起才是搭档，只要是两个能互补的物体，同样可以携手搭配出魅力！"

周围嘈杂的议论声我仿佛都已听不见，再次审视这幅画，它已经改变了，我似乎与它已经没有了距离。一种含蓄的活泼在画中隐隐浮现，仿佛这画的精神已经超越了凡·高的癫狂，戈雅的飘逸，建立了自己独有的一种精神力量，那是少女的长箫萌发的前进、不懈的动力。

原来，搭档已不单是一种合作，而是我们心灵应汲取的一种精神：成功者的搭档是勤奋和努力，而失败者的搭档就是懒散和堕落。我们只能靠自己来选择搭档，让它一路伴我们而行。

我坚定地踏着一串串脚印，走出惆怅，满怀憧憬，远去了……

旋转木马没有老去

孤独也美丽

张婉愉

八年前，我六岁。那天晚上，父母不在家。我像只蜗牛蜷缩在厚棉被里。

望着窗外，那黑漆漆的天空里，没有一颗繁星，没有一丝月影，竖着耳朵，听不到一声犬吠，也没有一只青蛙的歌唱。我想说话，没人会听。我想听故事，没人会讲。没有人……

我以为，这是孤独。原来孤独如此可怕。

八年后，我十四岁。在校园里快步而行，也没有人在身边。但肩上的书包重重的，让我感到那么实在，脚步轻轻地，让我感到那么轻快，嘴里一遍遍背诵的课文，让我感到那么亲切。虽然孑然一人，却如此快乐，快乐到天上没有月亮我却能画一个上去的样子。

突然，我明白了，八年前的那恐惧不叫孤独。今夜的独行，才是孤独。恐惧来自周围的空虚，而孤独来自内心的充实。周国平说，"无聊""寂寞""孤独"是三种境界，"无聊"是物质上的，"寂寞"是情感上的，而"孤独"是心灵上的。当我在校园里独自行走，没有朋友的陪伴，没有明月清风的陪伴，的确是孤独的。但这孤独来自内心的宁静，心中有儿时的欢声笑语，心中有中秋的明月清风，就像纳百川之海洋。美或不美，自己心里最清楚。

几个世纪前的苏东坡跟朋友爬上赤壁玩耍。他一个人像机灵的猴子般拨开这丛树木又跳向那丛，扶住这根木桩又踩上那块岩石，害得

"二客不能从也"。他一个人在这深山老林里蹦跳，把朋友甩在了后面，也许还面临着各种野兽的威胁，他也是孤独的吧。但其实他心里已满是朋友的支持，已满是冒险的快乐，只是这些心思没人分享罢了。

几个世纪以后的今天，有个叫王顺友的人，也在深山老林里孤独地行走着。每月他都要两次徒步在大山里孤身行走三百六十千米，耗时十四天，至少要露宿六个晚上。只不过他不是个大文学家，而是个凉山州的苗族邮递员。从1985年开始，他就在大山里奔波送信。迢迢邮路上，一匹马，一条路，对抗雪山、深谷、湍流、冰雹、飞石、野兽。他必定是最孤独的人了，但他爱唱山歌，孤独反而成了他口中美丽的音符。因为他心里饱含着对大山里乡亲父老的承诺，对自己神圣职业的敬意和忠诚……

我想梭罗当年在瓦尔登湖畔独居时也是孤独的吧，毕竟湖无法与他交谈，但他心中不早已充满湖中游鱼的窃窃私语了吗？就在那湖畔小木屋里，如果没有孤独带给他的冷静的思考，也一定不会有那本超验主义的著作。

我想"神七"研究团队也是孤独的吧，毕竟那茫茫戈壁上，每天只有无数的计算，无数的测量，无数的实验，无数的工程，但他们心中难道不是浩渺无垠的星空，不是科学世界的缤纷多彩吗？就在那春风不度的玉门关外，如果没有孤独带给他们的专心致志，如果没有耐得住寂寞的执着坚定，也一定不会有那直冲云霄的"神六""神七"。

孤独，就像断桥边的一枝梅花，在冰封雪飘的冬天，包容千万个春天的童话。

生命如树

韩 雨

假如可以选择生命，那么我愿做一棵树。

当大地上传唱着雪的白色恋歌时，我会在冰雪下延伸，静静倾听生命的种子萌发的声音。而当烟雾在晨光中飘散，当春天已描画出了花的颜色时，我就会从生命的胚胎中破壳出来，仰望天空，呼吸着自由的空气。从此朝饮木兰之坠露，夕餐秋菊之落英。在交替到来的阳光和风雨中，慢慢积蓄着自己的力量，在漫长的周期里，等待着来年的花开。

或许，在长大的过程中会有挫折。或许，新芽刚刚萌发便会遭到风雨打击。但如果不经风雨的洗礼，又怎能见到彩虹的笑容？也许，在这无星无月的夜里，每一场大雨都是一种挣扎，每一场暴风都是一种蜕变。在这一次次痛楚中，亭亭出现的是我的华年。当风雨再次来袭时，会发现我已亭亭。无忧，亦无惧。

等到有一天，我会惊喜地发现我已有茂密的绿荫。到那时，我会尽情地舒展着浓阴，回报着这个美好的世界。烈日炎炎，就让我撑起一方绿色的小小天空，带来一份清凉。藤蔓柔弱，就让我以自己高大的身躯为它铺好前进的道路。床上的婴儿，你可听见我树叶拂动时的"沙沙"声？那是我为你唱出的摇篮曲。楼内的学生，你可看见课本上不停交错闪烁的光斑？那是我兴奋的舞蹈。过路的行人，你可望见隐藏在我片片绿叶中的美丽小花？那是我含笑的眼睛，笑望着我做出奉献的这个世界。就这样一天天、一年年，我在日月交替中享受着奉献的快乐。这些快乐会随岁月深埋在土中，成为晶亮的琥珀。

当落花铺陈了一片红色地毯时，我已硕果累累，而滚滚东去、奔腾不息的河水，已把我的青春带走。而我会安详地接受这一切。或许在落着细细小雨的一天，我会平静地倒下，化为泥土，去呵护新的树苗，除了回忆，什么也不带走，除了芳香，什么也不留下。

这是一个虽然卑微却充实快乐的生灵，假如可以选择生命，那么我愿做一棵树。一棵没有太多智慧，却完整地体现了生命价值的树。

旋转木马没有老去

真 文 章

张丹瀛

看过一句话：文章是写给自己看的。

不知道别人是怎么想的，自己却很同意这种说法，我真的希望只是这么简单。

从我生下来，就一直生活在语言中，一刻不停地接受"熏陶"，接触了那么多的人，发现如果把所有我听过的话集合成一本集子，我想我可以出一套书，内容繁杂缤乱。什么语言优美，什么意境动人，统统找不见。相信放在书架上一定没人会为它停留一步吧？现实不就是这样的吗？自己刚会写一些东西的时候，无比的自豪。因为这是我自己创造的，不是翻版，没有盗版。我现在手中还有个绿色的小本子，很薄，有些皱。里面藏着几篇我二年级时候写的日记。每一篇短短的几行，也不过四五十字，其中还夹杂着数个拼音，读起来十分蹩脚，可想表达的意思还是能读懂的。那样简单、清透、真挚的句子，任谁都不可能曲解它的意思。

我拿出一篇来：

"我从lǎolao家回来了，我很xiǎng她，就kū了。我xiǎng给她打电huà，我不xiǎng回家。妈妈zhēntǎoyàn。"

我对自己当时的表达方式十分怀念，我知道我再也不可能回到这样的状态了。想说什么就说什么，无所顾忌的直白。不仅是因为年龄小，还有那无压力的自由。那可真是一点儿压力也没有的日子。

110

几百年前，那么多的文人才子，或许因为一首诗、一句话，甚至一个字饱受牢狱之苦，甚至招来血光之灾，无论他们是有不安分的思想还是没有。年羹尧只是"朝乾夕惕"写成了"夕惕朝乾"，就被劾成九十二条大罪！倘若在这不计其数的人中，的确存在着统治者眼中的"反动分子"，那其他的人呢？其中应该不乏少数是枉死在某片土地上的吧，而这，又是为什么？统治者不分青红皂白暴政是促使这些事件发生的原因之一，但是否我们就可以说他们一点儿问题也不存在呢？在我看来，如果把所有都简单化，也许，就不会发生这样一幕幕的惨剧了。只要把自己想说的表达出来，省去那些所谓的"文采"，就算再多疑的帝王，在那些平白直叙的文字里，又能挑出什么骨头来呢？这样看来，这"文采"，可是害人的东西了。

但"文采"在今天说来，已经是一个评价人的文学水平的标准了。到底什么才是文采呢？在很多人看来，文采就是一件件漂亮的衣服，把人装扮得美丽奢华，让其炫目。人们理所当然的也都为了塑造出一个更出色的"外形"而竭力奔跑着，追求永远没有封顶的高度。但大多数人在这个过程中，只是注重了这些衣服，而忘了中心的本质！一件再漂亮的衣服，穿在一个身材臃肿的人身上，我不认为还会有人对他发出赞美，即使有，也只会说："伙计，你的衣服真漂亮！"是啊，是很漂亮的衣服，可是只是衣服漂亮有什么用呢？

在我知道世界上有人体艺术这一说的时候，在佩服这些人前卫大胆之后，我不禁开始思考，人体艺术，是怎样让人们接受而发展成欣赏的呢？要知道，先不说东方人的保守思想，单是西方人做出这样的决定也称得上是一个伟大的创举了。不可能只是单纯因为某些人的私欲吧，如果是这样，不会有那么多的人，在看到这些裸体艺术之后，眼里一片纯净！这是人们在看到最本质最简单的东西之后，由心发出的感情。有位艺术家说过："在绘画艺术中，衣服是会过时的。"它会过时，因为人们已经不再注意它，而最本质的东西，哪怕经历了几百年后，它依旧会让人为它点头一笑。它那种质朴和简单，不加任何修饰的美却让人真正为之陶醉!

而文章，我不认为与人体艺术有何区别！相同的，文字也是一种艺术。可现在，有那么多的人，在文字上加了一层又一层的漂亮衣服，浮华的辞藻，亮得发光的句子，把文章的中心深深地包藏起来，而他们自己却还在沾沾自喜地认为作了一部了不起的旷世名作！文章，是让人去用心灵体会的，是建立在纸张上的两颗心，甚至说万人心之间的交流与沟通！你把要沟通的渠道用"金灿灿的金子"全部封锁了，难道这就是"文采"，就是人们一直追求的最高峰？

一本著作，不是因为它的语句有多么的优美，有多么多的形容词，而是，一个作者，用他的心，倾尽所有，呕心沥血的，把他自己所想、所认为的言之成理，用最简单、最易懂的语言，清楚地传达给别人，让自己的心灵与别人的心灵一起碰撞！

亲爱的朋友们，我能说的，也只有这么多了，我只是一个中学生。如大家所见，我的文字，在周围环境的熏陶下，或者说，在现在大多数人所追求的那种所谓"境界"中，也开始与我心中的追求背道而驰。我没有那么高超驾驭文字的能力，我阻止不了这可悲的发生。

或许在未来的某一天，在我已经到了垂暮之年的时候，我可以坐在藤摇椅上，轻松地阅读着，我的后来人，用最简单的语言，在我的心灵最深处，与它相通。

雪 的 诉 说

张 辰

　　我站在雪的国度，倾听雪的诉说，有快乐、悲伤、幸福、寂寞、高洁、通彻！

——题记

　　北风卷地百草折，凛冽的寒风带来的不只是枯黄的草根、树叶，还有那漫天飘零的雪花。接住一片轻轻捧在掌心瞬息即逝，不见了踪影，却留下小小的晶莹的一颗水珠，可就在那零点几秒里，我目睹了雪肆意地飞舞，也倾听了雪纵情的诉说。

　　洁白的视野中，缤纷的世界似乎也随之简单，而心愈加轻盈如雪。也许是怕搅碎尘世的安宁，雪落无言，以它最美的姿态飘舞在我们的身边。却又激荡着悠悠古韵奔放的旋律，是它在清唱：

　　"孤舟蓑笠翁，独钓寒江雪。"雪落在柳宗元的诗中，描绘了江上渔者孤单的景象；"柴门闻犬吠，风雪夜归人。"雪飘入刘长卿跋涉的途上，化作了艰辛时停靠的温暖；"千里黄云白日曛，北风吹雁雪纷纷。"雪飞舞在高适的眼前，激发了寒冷中熊熊的斗志；"忽如一夜春风来，千树万树梨花开。"雪融化在岑参的笔下，勾勒出几分萧条也播撒下几分美好。山舞银蛇，原驰蜡象，欲与天公试比高。须晴日，看红装素裹，分外妖娆。江山如此多娇。又有多少英雄肯为一片渺小的雪花停下脚步。此刻，我就肃立于这漫天大雪之中，去感受每一个飞舞的精

113

旋转木马没有老去

灵。每片雪花都为了一个整体，都为了让大地穿上银色的晚装而不停飘着，飘着……

我倾听着雪的声音，听它们述说自己的故事。在我看来，它们不全是快乐的，也有寂寞、孤单、失落，但它们愿意笑着面对纷扰的世界，用它们纯净无瑕的身躯拂走角落中的污浊；化作一双冰凉的手，牵走人群的焦躁。也许，这正是雪的至高境界。回过神，才发觉自己已经伫立了好久，遍身拥簇着的都是高洁的雪的精灵。我没有拍掉身上的雪花，因为我不愿打搅它们在我肩头片刻的休息。

当风呼啸着吹散了雪的诉说，待到阳光灿烂，它们将不复存在，没有任何证据可以确定我与这些精灵的约会；是啊，现在的我痴心地要挽留那漫天飘零的它们，然而，这真不过像"蜘蛛网落花"，略微保留一点儿美的痕迹罢了！

故乡的感觉

尹庆旋

一直以来，我都觉得自己对水有着一种说不清的情绪，大概是因为出生在马六甲海峡附近的一条街上的原因吧。走出家门，穿过那些黑墙毗连的横网小路，便来到一条由海岸而分出的支流，一条贯穿小镇的河流。

几乎天天都望见这条河。那水，那船，那桥，那沙洲，还有那些生于斯长于斯的人，以及他们每日忙忙碌碌的生活。盛夏的午后，踩着灼热的河沙，不经意中河水的气息扑鼻而来。那一川暖融融的浊水，引起我无限的怀念之情，那是属于我儿时的记忆。那些记忆既不暧昧，也绝不模糊。

那银灰色的雾霭、绿油油的河水、隐隐然有如一声长叹的汽笛声，以及运煤船上茶褐色的三角帆———一切的一切，都会引起我不绝如缕的哀愁。河上风光如许，使自己童年的那颗心，宛如岸边的柳叶，颤动不已。不知有过多少次，在多雾的夜半时分，听见群鸟在幽暗的江面瑟瑟地啼叫。所见所闻的这一切，无不使我对那条河增加新的眷恋。

受河水抚育的沿岸街区，对我来说，也是难以忘怀、备感亲切的。人走到那里，耳中必会听到水流汩汩南去的细响。那亲切的水声，从阳光普照的一幢幢仓房的白墙之间传来，从光线黝暗的木格子门的房屋之间传来，或从那银芽初萌的柳树与洋槐的林荫之间传来。

面对这静静的船帆，嗅着绿波缓流的水味，我总是无言以对，可是我不能不觉察到，自己心中情绪之流的低吟浅唱，已与雾霭之下悠悠河水交相共鸣，合成一个旋律。

使我着迷的，不单是大川的水声。依我说，大川之水，还具有一种别处难见的柔滑的光彩。河水上游，那儿根本分不出潮涨潮落，翡翠般的水色又嫌太轻太淡。唯有流经平原的大川之水，融进了淡水和潮水，在清冷的绿色中，糅杂着浑浊与温暖的黄色，似乎有种通人性的亲切感和人情味。

就这个意义上而言，河水处处显得有情有义，令人眷恋不已。所以，记忆中的河水绝没有人工沟渠那么暗淡、昏沉，总是那么生气勃勃，奔流不息。奔流的前方，是无极无终、不可思议的"永恒"。大自然的呼吸与人的呼吸，已经融为一体，不知不觉间化为水色中那一团温暖。

尤其是日暮时分，河面上水气弥漫，暝色渐次四合，夕天落照之中的一川河水，那色调简直绝妙无比。我独自一人，靠着船舷，闲闲望着暮霭沉沉的水面。水色苍黑的彼岸，在一幢幢黑黝黝的房屋上空，只见一轮又大又红的月亮正在升起。我不由得潸然泪下，这恐怕是我永生也不会忘怀的，正所谓"所有的城市，都有其固有的气味。佛罗伦萨的气味，就是伊利斯的白花、尘埃、雾霭和古代绘画上清漆的混合味儿"。倘有人问我"故乡"的气味是什么，我会毫不犹豫地说，是故乡之水的气味。还有那温暖的水色、和谐的水声，也无疑是我所钟爱的故乡的色彩、故乡的声音。因为有马六甲之水，我才爱"故乡"；因为有"故乡"，我才爱"生活"。

古　井

王玺博

　　在如今这个年代，井已经很少见了。即使在穷乡僻壤，也难得觅着一口井。想想过去的古井，在这个现代化的世界已经彻底销声匿迹了——湮没在楼盘地基之下，湮没在柏油马路之下，湮没在钢筋混凝土下，湮没在生活了世世代代的黄土地里。

　　但是，在遥远的西北大沙漠，在吐鲁番火盆中，我终究还是找到了这么一口古井，在干涸的沙漠中，坚守着一块绿洲，一块葡萄园。

　　新疆的坎儿井，至今已经流淌了千余年。我驱车从乌鲁木齐出发，在将到达目的地后徒步前行。沿着山中的隧道，或左或右，时上时下，盘旋周折了好一会儿，才从洞中走出。

　　这时，忽然听见不远处有水声，径行右转，只见一处天光直入，上面豁然开朗，底下从深处黑黢黢的洞里，涌出汩汩水蛇，直顶栏杆，然后又倏地右转，向另一方奔淌而去。在水流的四周全是山石岩壁，厚厚的，激荡回响着水柱猛冲直撞的声音。在地上，墙缝中，壁脚里，一株株顽草直挺挺地钻出，探着个身子，去触碰阳光的温暖。

　　难以置信，这竟然会是一口井，一口地地道道的古井！没有一块块红砖水泥相砌，在上面包围着井口；没有想象中深深黑黑的井口，直通到底下数十余米。没有吱吱呀呀的转轴，架在上面缠着一圈圈的麻绳；也没有麻花裂开般的粗粗井绳，悬吊着一个水浸朽了的老木桶浮在水顶。

有的游客开始照相，啧啧称奇；有的游客一股脑儿地吞下一整瓶矿泉水，然后挽起袖口裤脚，从护栏旁灌上满满的泉水，又继续不知足地痛饮；还有人把手伸进去，感受水的温度。我也索性把矿泉水喝完，足足地装满了一瓶井水，张口即饮。只是——

只是这不像是火焰山近四十度的炙热，而似天山雪水的彻骨。水是那么的凉，好像能在阳光下一晒便汽化成水蒸气隐没在空中。丝丝的寒意从舌尖滑到喉头，落入食道，触到胃壁，感到一股寒流席卷上身，满身的灼热全然驱散——

好一口坎儿井！

好一口古井！

品尝古井，我的味蕾逐渐复苏起来。我尝到了天山雪水的寒爽，流入绿洲；我尝到了凝华的水汽，从沙缝间渗入土地。那是山石的味道，却无一丝涩感；是涮洗过绿草的味道，夹着自然的气息；是氢氧元素的味道，生命源泉的活力；是千年来历史的味道，寄托远古的叹息。

它是亿万年来这颗名为地球的水球沧海桑田陆海变幻风起云涌水汽蒸腾雨雪雷电甘霖天降的结晶！

可是啊，可是远方的城市的人们，用一座座水厂沉淀杀毒换来仍需煮沸的自来水，用一瓶瓶难以降解的塑料装灌没有矿物的纯净水，用一张张门票换来一睹江河湖泊的机会，用万元的资金建造一口可观不可用的古朴的新井，悲哀啊！

我听见谁在叹息，那咕咕咚咚呜咽的声音；

我听见谁在应和，石壁激荡起不息的回响；

我听见谁的脚步，哗啦啦地正在远去……

如今，我端坐在书房，手里捧着一杯凉白开，呷着，那水分子跳跃进我的喉咙。看着看着，似乎杯子变成了一口古井，倒影中看见未来的我们，正在品尝，品尝古井，品尝那已经远离我们的味道。

旅行的意义

况旭馨

　　夜的巴黎，飘雪的北京，湛蓝色的土耳其，我们一起的旅行。

——题记

　　或许，直到今天我都不能指出你的座位在教室的哪一边，更加不能准确地辨认出属于你的或清秀或潦草的字迹。可是，你却真实地陪我走过了这一千多个日夜。没有人告诉我这期间蕴含着什么重要哲理。

　　那些已经很久没有再提起的事情，那些凝结在空气里沉默不语的表情，就这样过去了。我们偷偷传过多少张纸条我自己也忘了。在操场上肆意挥洒汗水的曾经，我们摔过跤也流过泪。曾有个男孩儿穿着干净的白衬衣，曾有个女孩儿喜欢软软的棉花糖。

　　一个人走在空荡荡的街巷，寂寞像空气一样围绕。阳光斜射进玻璃窗，我呆呆地看着，给自己一个慵懒的暗示便开始一个人的流浪。串联起零乱的碎片，再编上些帅气的角色，演绎一场并不精彩的独幕剧。触摸一座城市，不是温情浪漫的小资，不是花样年华的富足，也不是乌镇水乡的细水长流。浮云，暖风，弥漫在空气中的湿气。阳光，午后，向外伸展的细小枝节。如同慢放的镜头，滞留，是五线谱上舒缓的感受。

　　这样的日子似乎早已一去不返了吧。窄小课桌上的资料书越垒越高，塞了满满一抽屉的试卷。大口喝下浓而苦的咖啡，然后拍打着脸颊告诉自己要振作。天还没亮就托起书包小跑着去教室，偶尔会遇见某个踩着滑板的少年从身旁呼啸而过。

你都不记得我曾为你写下的词句吧，你肯定不记得。你都不记得我们横冲直撞地跑遍大街小巷吧，你肯定不记得。阳光，雨水，以及缓缓而来的湿润的季风，你肯定都不记得。

"多少年后，谁还会记得那场输掉的球赛呢？只看见我们灿烂的笑脸。"

你可能体会不了我告诉你这些话的意义，你也应该不能察觉到一千多个日子早已从指缝间流过。我都可以不去思考其间那个冗长的过程，不是惧怕悄然无声的结局，只因不是三言两语可以概括。抬头看见前几年买的已微微泛白的发卡，很多的梦想在这个最让人感动的季节里缓慢而健康地拔节。这个春天似乎也匆忙地过去了。忙着背书，忙着抄笔记，忙着考试，忙着忙着，都没有机会去回顾过去。于是我们突然就这样长大，没有任何征兆，但总归是幸福。

或许，直到今天我都说不出是哪句歌词让我再次想起，也说不出是在什么场合欣赏你的哪一种表情。可是，在即将到来的盛夏中我们就要离去，消失在茫茫人海，有些故事还没有讲完，那就算了吧。

用一光年的遥远去寻找一个世纪的滞留，用漫长的等待去交换一场烟火的表演。有你的笑脸，明媚得耀眼。

一瞬一季，一季一年，我们最后的激流岛，盛开了夏日里最繁盛的花朵。

我想告诉你，我们在一起，就是旅行的意义。

如果没有初见

黄珮翎

青青石板街，斑驳的是无法安然的曾经。那些寂寞的浅伤，陪伴我经历风雨，许久之后都未曾消退……

初见，在杭州的西湖。她看见了他。骤风急雨中，借伞同舟，凝眸深处，是心波微漾，他对她的情是小荷露了尖尖角。

如果没有初见，就不会有许仙背叛了白娘子，使她心灰意冷，永镇雷峰塔。如果没有初见，白娘子已经飞天成仙，过上安逸的神仙生活。

初见，在清净的书院。一个女子轻轻坐在了一个书生身边，她叫他："梁兄。"三载同窗，一朝诀别，楼台相会，此刻知晓，花期已误。

如果没有初见，就不会有化为彩蝶双双飞的悲惨结局。如果没有初见，祝英台就不会为爱舍弃生命，梁山伯就不会呕血而亡。如果没有初见，梁山伯已考中状元，祝英台已嫁入门当户对的夫家，过着"执子之手，与子偕老"的安逸生活了。

初见，在大汉的未央宫。她身姿曼妙，体无瑕疵。她，合德，美得让人脱口而出"红颜祸水"。刘骜，她是你命中的魔星，可是，此刻你是否知晓？

如果没有初见，大汉几百年基业不会如此倒下。如果没有初见，飞燕、合德两姐妹还在定陶王宫里服侍定陶太后。如果没有初见，班婕好就不会在长信宫中银牙咬碎，泪水滴破脸颊也改不了秋扇见捐的命运。

初见，堂上的一曲《凤求凰》惹出卓文君上演一出惊世骇俗的"文君夜奔"。"凤兮凤兮归故乡，遨游四海求其凰，有一艳女在此堂，室迩人遐毒我肠，何由交接为鸳鸯。"

如果没有初见，就不会有相如和文君的琴瑟和鸣。如果没有初见，文君也就不会有之后的披衣起身，含恨书写"闻君有两意，故来相决绝"。

纳兰容若曾言："人生若只如初见……"是的，"只如初见"，那是千百年来人们所祈盼的。如果没有初见，固然不会有这些悲剧；然而如果没有初见，也必然不会有这些美丽的故事和传说……

半 场 烟 雨

张晓峰

蝴蝶穿花，惊起一帘暗香浮动。烟雨半场，打湿几缕记忆微凉。你一袭琉璃白衣，流连于红尘人世，水袖微扬，红晕了桃花的面庞，罗裙轻转，缠住了过客的思量。

信手拈一枝杜鹃，那半场迟来的烟雨似乎成了你一生的禁忌。蹁跹于江南的多情之中，你是早已注定了的流离的宿命。

看那秦淮河畔多少繁华从你指间滑落，红装轻上，连月光也为之轻颤。但这庸俗的脂粉香味，哪能留住你白衣间的那场烟花醉。花染凉意，春光老去，唯有红颜仍旧一身琉璃白衣，流连于这红尘人世，难以睡去。

等半场烟雨，晕开了结局，你容颜依旧。

煮一杯烈酒，弹一曲闲愁，谁为我送别？

琴声幽幽，思念依依，马蹄踏碎了万家愁。古道上，西风咆哮，断肠的人儿肩挑一担情丝，瘦马在路边残喘。这世道的风霜，也许你我都无法阻挡。

枯萎的往事自我眼里流泻，把你的温柔凝成一片静谧的夜，让那一首雁鸣也浸满忧伤。红颜不老，英雄薄命。舞一柄飞剑，我的背影融入深夜，你的面容笑若桃花。轮回中尝千古恨，那笑颜下的愁如雨下，又有谁知晓？半场迟来的烟雨，呓语着最后的风情：但使相思莫相负，牡丹亭上三生路。

　　把另半场未至的烟雨雕进时光，连同那剩下一半的暗香，一起埋藏在兰舟催发处。转身拂面，又成了那个在水一方、清冷绝艳的红颜，只是那眉眼深处更多了几分离愁。

　　此去经年，你是否一如当初的琉璃白衣，水袖罗裙，衣袂飞扬？三生石上成双的名字，注定了谁的结局？那埋葬在江南的半场烟雨——

草 娃 娃

韩 毅

　　春天里，不知道从哪里掉下来一粒小小的种子。它是如此小，以至于当它砸到我时没有带动丝毫尘屑的喧嚣。因为谁都不会在意一粒小小的、带着意外的种子，但是我却十分痛苦于它的存在。

　　我是一个破烂的草娃娃，很像乡下小贩手里那些五毛六毛的存在，但又不真像，我没有那些泥人扎眼的色彩，没有老虎糖画生动的表情，甚至没有腿也没有嘴，只是一个被人遗忘的半成品罢了。

　　我是一个用草叶、树枝编制而成的草娃娃，曾经辉煌过一阵儿——被用来取悦那些年纪尚小也还不懂世间美丑的孩子。时间不会刻意遗忘谁，但孩子终究会长大，会突然间觉出身边的一切器物的幼稚和无聊来，于是我就做好被丢弃在某个墙角阴影处的准备。等待着其他劣质的玩具被带走；等待着其他优质但已陈旧的玩具被带走；等待……等待着，轮到自己的那一天。

　　我一向只是静静地等……

　　孩子一天天高大起来，我一天天渺小起来。

　　令我高兴，令我担忧。

　　我只是一味地静静地等……

　　有时，我会想在等待的同时做些什么，却忘了自己的身份只不过是半成品。我会与窗外飘然的白云、疾行的风急迫地说上一两个字，不待我说完，他们已走远了，我总是赶不上他们的速度。

有时我会冥想，看见过老鼠的起早贪黑，也看见过蜘蛛的不劳而获——他和我一样在等。

可是，他等不下去了，最终留我只身一人继续等。

日日夜夜里，我用等和想交织成亮丽的银线，穿在时间的缝隙中，补全那光与影的口子。等到迟早会降临的那一天，我也会像无助的蛛网一般消失吧。

那粒从天而降的种子打断了我的等与想。

我鼓起十二分的勇气怒喝，蛮横地想要他赶快离开。但是之后我才发现，这粒种子正做着春天的梦，他显然把我这早已腐朽的身体当作最舒适的温床，陷入了深度的睡眠之中。只有春风的吹拂才能唤醒他。

于是，我的生活抑或是我的故事中有了这抹绿色的影子，那一丝明媚的香气、生命的气息降临在我这个早已是死物的身体之上。隐隐地看来，我似乎多了一颗跳动着的心脏。

一切都活了过来。

再后来，我每天拼命追赶着阳光的脚步，虽然没有双腿，无法奔跑，但我用心灵做着最本源的追逐，甚至折断了支撑自己的最后一根木棒。

"唉！还是坏掉了……小时候外公做的玩具……"

那天，我正如往常一样和阳光玩追逐的赛事，忽地听到了一个既熟悉又陌生的声音。是那个小男孩儿，不，他已经长大了，他变得和他的父亲一样，高大强壮，伴随着嘴角的一抹流光。

等等，他要做什么？那是簸箕和扫帚……我明白了，这一天到来了，我所期待的那一天。可是为什么我的心口，那已经被填满的地方传来一阵阵的痛楚。

种子，种子还没睡醒，他该怎么办，也许他正在萌动，即将发芽。他正在苏醒过来，请等一下，等一下……

月·饼

陆秋芸

秋去，秋来，月又明。

于是，不经意间就有香气，溜入味觉深处，月饼的召唤开始四处漫溢，月饼圆润的脸庞上，我看到了月光的微笑。

静静坐在桌旁，守着面前的月饼。柔和的灯光亲切地笼罩着它，沉厚的金黄霎时鲜明起来，将丝丝缕缕的清香缠入心脉，淡雅得一如那平日里月儿的光辉，更有中秋的饱满充盈。那光滑的月饼，澄明到我不想碰它，似乎它是一潭秋水，点一下，就会晕开源源不断的涟漪。凸出在月饼上的几个大字，端正地立在月饼上，一种古韵便倏地拂过心头。我仿佛听到月饼与空气的细语，不禁痴了。

家人期待的目光唤醒了我，操起小刀，小心翼翼而又无不痛心地切下月饼，只见厚厚的馅填满了金黄的外衣，望一眼，满心的满足，心间竟然有了秋日收获的快乐。一颗显眼的蛋黄缀在其中，细一看，这不就是一轮满月吗？升起在月饼甜甜的心里，想必它也有甜甜的梦。五小块月饼都已躺在了一家人的盘子里，一时间，小小的月饼，竟然凝聚起了一家人的幸福与祝愿。

不约而同地咬下月饼，清纯的甜涌上舌尖，把每一处的苦涩与辛酸都浸染了，成了最动人的甜，心情也被酥软了，脑海似乎被一种目光点亮，每一段回忆都像在重新剪辑，竟那样明丽起来了。

天，渐夜了。踱步至阳台，张望远处的天际，却没有了月亮丰腴如玉环的舞姿，心中不禁空落。瞧着那一团亮着淡白光晕的云絮出神：月儿藏那儿了吗？是不是被文人墨客诵了千百年，偶尔害羞一下啦？我无从得知。正欲回头，忽记起心间的那个像极了月的月饼，不禁扑哧一声笑了，于是今年的中秋，我的记忆中便有了这样的照片存档：乌云密布的夜空，挂了一个月饼，荡开美丽的月光。这也是我心中最美丽的中秋夜。于是，我在这夜幕下站了很久，望着心中的月饼，想了很多：童心、亲情、历史文化……

平时望月想饼，今天望饼赏月。中秋讲究的是一个意境，是种文化，心中有情，眼中就有景。因此，我爱月，也爱中秋。

128

邂逅左手边的幸福

余天宇

在邂逅宁静和单纯的背后，荡漾着怎样的一种幸福。

——题记

童 年 旧 色

在左边，我们牵手，一起走过……

布满青苔的石板上，我们留下疯玩的气息，幽深的巷子里装满了神秘，星星闪烁着迷人的光辉，照耀在你我沉埋在黑色宇宙的侧脸。记忆席卷着，被风雪吹散成流萤。两个孩子相握的手穿梭在无际的黑暗，甩下"啪嗒啪嗒"的稚嫩，旋起了成长的季风。

我们站在碧青的草地上，望着远方的秋千，心中充满着期待。你嘻嘻哈哈地拉着我的左手蹦过去，把我抱上去，推着我荡呀荡，荡起了梦想的歌。我问你，哥哥，为什么你总在我的左边。你搔搔头，俏皮地打哈哈，忽又变得一脸正经和严肃，你说："左边人的职责就是保护右边的人。"哥哥，兴许在你的霸道和关爱下，我依然是个永远不能成长的小妹，两个胖胖的小手紧紧相握，萦绕在指尖的亲情，旋着风儿般氤氲散开，又重新组合成美丽的画卷，从天地间飞涉到人间。

那时的无邪、天真总是像蚕茧一样包裹着我们，在生命中总有一处记录着你我共同度过的岁月。生命的芳香，是邂逅在左手边的幸福。孩子的纯真、不懂事，划过天空的流星，涉足在茫茫草原的欢腾，笼罩在光明的远方！

晕 眩 粉 坊

漫天鹅毛大雪下，凝注成了一个黑点儿，凝注着你深深的期待。

沿着回家的路，柔和的灯光透过灯管铺放整个地面，遍地晶莹的黄金。邻家的道路上充斥浓厚的香芋奶茶味，暖暖的，香香的，温馨把我整个包在里头，宛似在泡满牛奶和花瓣的浴缸里，幸福得不得了。

书桌的左手边，冬季里总停留着一杯滚烫的奶茶，特有的浓香浸没在卧室里，旋转的雪花透过窗棂飘散进来，它似乎也爱这冬季的等待，悄无声息地落在杯口，渐渐消融。冻僵的手仿佛是十根腊肠，又红又硬，徐徐伸向滚烫的杯面，那份热情凝聚的爱穿过手，到达了骨子里的血液，沸腾着，沸腾着。

于是，双手就像一个濒危的小兔子在茫茫雪原上得到了天神的眷顾，重温了人间的温暖。我将这杯奶茶小心地放到鼻子下轻嗅，炽热的水蒸气凝在了鼻头上，再徐徐滑落下来，绽成一朵美丽而芬芳的白莲。我是这样的动容，一圈一圈地涟漪在嘴边漾开，漾开了原本的倦怠，紫色混合着白色，是飞向神杵的紫色的葡萄藤梦境。左手边，残留着奶茶的气味，久久散不去。左手边，是邂逅的幸福。

我已邂逅了最美的幸福，最贴近的距离，最真挚的情感，最浮华的人生。

邂逅你，左手边的幸福！

那杯菊花茶

黄 燕

不知什么时候，讲台上多了一杯菊花茶。

那菊花茶被一个白色透明的杯子装着。是一个胖胖的小杯子，就如同它的主人那样。它的主人每讲一会题，就会端起茶来喝一口，似乎它很香甜，很可口。

坐在讲台前面的我总会直勾勾地盯着老师喝茶。那金黄色的水如同天上的极品深深吸引着我想去品尝。

"老师很会享受，还喝菊花茶，真是幸福。"有一天，我向朋友抱怨。

"哈哈，菊花茶？你以为好喝？它苦极了，专门治嗓子疼的。你们老师肯定嗓子有毛病。"朋友笑着对我说。

我愣住了，原来菊花茶并不甜，老师并不是为了享受才喝它的。渐渐地，一些画面浮现在我脑海中。

那几天，为了迎接适应性考试，老师不停地讲题；

那几天，老师的手里多了一杯菊花茶；

那几天，老师的脸总是红红的；

那几天，老师总是咳个不停。

原来如此简单，原来我是这么笨，居然认为老师的工作轻松。只知道老师上课比我们来得晚下课比我们走得早；只看到了课堂上老师镇定自若的讲述，却忽略了讲台上那写得满满的备课本；只知道把作文交给老师就会得到稿费，却不知道老师怎样一个字一个字把作文打出来再发出去的辛苦……

我静静地坐在讲台前，听着老师讲课。于是，我又看到了讲台上那杯菊花茶。

几朵金色的菊花，漂浮在杯中，显得格外美丽诱人。金黄色的茶水还是如同天上极品。但是这一次我不会再认为它是甜的了，因为我已经悄悄地品尝过它的苦与涩。

而讲台上我们可爱的语文老师，不正如那杯菊花茶吗？只让人看到她讲台上的镇定自若和甜美的笑容，却悄悄藏起了她的苦与累。

那杯菊花茶，那份笑容，值得我去品味，更值得我一生珍藏。

赴一场光阴的邂逅

　　我坐在流年的叶脉上，细数过去的故事，犹如那茶叶在心底绽开一朵朵花，淡淡的花香，柔软的花瓣，化为细细的墨香顺着笔尖散开。

　　茶杯空了，残余的几分温度伴着青绿的水雾飘散开去。

　　我的心满了，蓄满了爱、快乐和梦想……

雪 逝 无 声

陈 硕

　　童年，是一个遥远的梦了，梦中的场景像印在沙滩上的脚印，随着时光的洪流一次次席卷岸边，留下的只是残缺不全的记忆。

　　我是记忆的拾贝者，努力地寻找那一个个单一的画面，把它们串成思念的花环。那些过去的人和事，有时会在梦境中重合在一起。

　　北方的冬天，无论是夕阳流金的岁月，还是晚风轻拂的日子，或是月光铺地的时光，总会伴有晶莹剔透的雪花。于是冬季就成了一个让我迷恋的季节。每天清晨，我"全副武装"后便一头扎入风雪中，那凛冽的空气瞬间灌入鼻腔中，我仿佛嗅到了一丝清甜的气息。在这种环境下，在暖室中孕育出来的懒散劲儿会一扫而光，我开始绕着这个不大的村庄跑一整圈。没有规定的路线，我便挑雪厚的地方跑，感觉整个人微微下陷，听着踩在雪上发出的"咔嚓、咔嚓"的声音，我的记忆也被打上深深浅浅的烙印。

　　我边跑边看着周围白茫茫的田野，那原本深褐色的土地已披上厚重的银毯，我仿佛感到脚底下有生命正在汇聚能量，那娇嫩的小芽蜷缩在母亲的怀抱中，等待着春的召唤。

　　跑着跑着，人马就浩大起来，近村的小朋友凑在了一块，疯玩疯闹，总有一两个调皮的孩子拿着雪球，赶鸭子似的赶着一大群人，跑得慢的被逮住，他们便趁你不备，把雪球塞进你的领子里，这么"好"的待遇谁都不想要，于是撒开脚丫子一边跑一边大叫。跑一路，闹一路，回到家里时总是气喘如牛，浑身暖洋洋的，这便是晨练了。

还有一件关于雪的事，那便是堆雪人了。把雪铲在一块，滚成一大一小的球，接下来便是童真的想象了，哪儿该安手，哪儿该装眼睛，嘴巴要什么模样，总能让我研究上半天。虽说做出来的雪人不怎么好看，可我总爱捏着它的胳膊，感觉软软的，于是我的心也是暖暖的。

冬日的阳光干净透明，少了一分热辣，多了一分恬静，如此温暖的阳光仍灼伤了我堆好的雪人。看着它一点点地融化，我伤心却又无能为力。

再往下的片段就模糊不清了，那个雪人也最终湮没在时光的烟尘下。

冬季就是那么让日子低调地滑过，它就像掌心里的水，无论掌心是张开还是紧握着，最后终究会一滴不剩。

童年，把它的芳香藏了起来。

这个关于冬季的梦是开在时间上的花，它不说话。

少 年 事

李 婷

初二的时候，班上的孩子大都好玩，副科有时候也不听，于是剩下一大段时间，用来干什么呢？同桌的兔子喜欢看小说，后座的男生眼睛从来没离开过文曲星的游戏，我就在这样悠闲得古怪的氛围下，写起了最初的小说，篇幅不长，甚至可以说短，通常一个故事写不完，兴致尽了，便扔在一旁。但仍有几篇留了下来，夹在参考书里。参考书考后就不保留了，于是这些小东西一夹就是三年，直到前几日我从满布灰尘的旧书堆翻到了它们。稚嫩的笔迹，梦呓一样的言语，幼稚却盈满了纯真的情节，那些如同流水般曾经润藉过我生活的字眼儿，一点点唤醒了少年时的记忆。

其中有一篇是这样写的："他和她形同陌路，却能在汹涌的人群中找出彼此的面颊。他们都是随和的人，太直白是变相的索取。"整个故事很散漫，我费了很大的劲靠着回忆才找出了大概的情节，原来是一场柏拉图式的暧昧。两个人，从未说过一句话，只是远远地观望着对方，却彼此暗恋。直到他们长大，大到了不再有少年时的心跳，又偶然地重逢，必然地继续错过。最底下，我看到了一行潦草的字迹，似乎写得很仓促，但也许是觉得味道不对，很快又被抹掉了："因为没有回头，所以只能一直不停地寂寞地走。"我不禁莞尔，却略感到了淡淡的忧伤，初二的我，怎么会写出这样的东西呢？只是每个大了的人，都无法嘲笑过去的懵懂和悲观，少女情结，每个女生过去或现在都会有，同样地，你也无法嘲笑它。

兔子，便是我所认识的可爱的少女。事实上，她是我写小说的精神动力，因为她喜欢看小说，并且颇有职业精神，一篇小说过后，总要为她喜欢的主角哭得死去活来。说也奇怪，她喜欢的主角总是"不得好死"。鉴于她这种痛苦的境遇，我大义凛然地对她说，"我在练写小说呢，等我写得足够好，我们便合写一本，你来设定结局。"孩子之间的承诺，纯真得可笑。只是这个"足够好"实在是太困难，兔子倒也不挑肥拣瘦，不到一个星期，我们便开始合著第一本小说，严格地说，应该是一本现实主义小说，主角均综合了兔子丰富的审美经验。我们浩浩荡荡地进行了两个星期，框架也定得差不多了，连副标题都想好了，两人兴致却又转移到了一部新电视剧上，于是我们的第一部现实主义小说就这么夭折了。

也许，写小说只是看小说的人所做的美丽的梦吧，我们偷偷地把小说中的情节同自身融合，多奇妙啊，一个理想化的世界，一个只属于你自己的世界，就摆在你的面前了，等待你用笔去验证它们的存在。

儿时学过绘画，总喜欢自己给小说配些插图，人物无一例外是大眼睛、细鼻子、没嘴巴的人，风景也不外乎大海、天空、树。有一次，后座的男生把我最得意的人物画像改成了大鼻子、麻子脸，我伤心了好久，兔子听闻后恶狠狠地用书敲打那个男生的脑袋。男生于是怕了兔子，只能小心翼翼地讨好她，一晃就到了毕业。

男生去了理科实验班，听说对理化有了出奇的热情，总想方设法地找我们比理化题目。兔子也有了新的可以大呼小叫的人，整天满面春风的。而我，仍"茕茕孑立"，继续编织着一篇篇散漫的文字。喜欢文字的孩子是孤独的，但谁说孤独的背后不是另一种充实呢？

至于少年的记忆、曾经的懵懂，还有那些纯真的根源，我将一生索究。

同 桌 条 约

曹学海

天哪！老师竟然把我调到了她的身边！我双手抱着脑袋叫苦连天。她是我们班的大才女，以泼辣见称。和她同桌，我真是"三生有幸"。唉！死定了！我向哥们拱手告别，一副好汉一去不复返的样子，"别了，哥们，吾去矣。"

同桌第一天，我没等屁股坐热，便跟她约法三章："第一，以桌沿作'三八线'，不得越雷池一步，否则受皮肉之苦一次；第二，不能找对方说话，否则受皮肉之苦一次（因为她损人技术天下一绝，我可不敢冒生命危险）；第三，互不干扰内政，否则受皮肉之苦一次。"她听得小眼珠都快瞪出来了。我得意扬扬，心想：要是我生活在鸦片战争年代，由我去和英国人谈什么条约，包管清政府爽歪歪啦。

第二天，还好，她记忆力不错，没有违反"同桌条约"。可从第三天开始，她的记忆力便开始减退起来，好几次跨越了"三八线"。当然，皮肉之苦是要受的，她手上挨了我几捶。不过她可不是甘于吃亏的人，趁我偷乐之余猛地用课本在我头上回敬了一下，理由是我打她时手伸过了"三八线"。我正要以其人之道还治其身，一张大纸挡住了我的视线，纸上赫然写着："我的手没越国界，打你我是用课本打的。"气煞我也！我立马宣布撤销"条约一"。

她的各科成绩都很好，我遇到难题不会做，想去问她，可是想了想不能违反"条约二"，算了，于是胡乱写了个答案交上去，等到作业本发下来，鲜红的"×"满卷皆是。经过慎重考虑，我决定撤销"条约二"。

一天下午，我正在思考一道难题，同桌大呼小叫起来，彻底阻断了我的思路。愤怒的我朝她狂吼，谁知她竟丝毫不知己罪，还严词谴责我吓坏了她。我气得鼻孔冒烟，问她："你能不能有点儿淑女风范？"没等我话音落地，她便开起了机关枪："你能不能有一点儿男子汉气概？你哪像什么男子汉？你心胸狭窄！男子汉第一要有宽容心，第二……"我哑口无言。本想誓死维护的"条约三"也保不住了。

再三思虑，我决定与她"和平共处"。当我带着十二分的诚意向她求和时，她笑了笑，说："你既然无条件投降，我就答应你。这是'新同桌规定制度：第一……'"我一听，立刻瘫倒在桌子上。

139

在 雨 中

黄悦雯

今天下午第二节课的下课铃刚刚振响，雨就滴滴答答地下起来了。下课的铃声还来不及收尾，教室里就躁动起来。大家的眼睛一致望向窗外，有的在叹息，有的瘫倒在座位上，有的怒对着“晴天娃娃”在大声咒骂，有的在跺脚，有的把书本卷成筒状握在手中，在教室里像疯狗一样乱窜乱敲，见到同学就猛喊：怎么会这样？怎么会这样？有的用小拳头使劲地擂着桌面，如窗外的雨点一样密集……

英语科代表被汪老师叫走了，不一会儿就捧着一大堆练习卷走进了教室，一股刚印完的练习卷所特有的炭铅味在教室里弥散开来——哎，又是一节所谓的“室内体育课”。

我们之所以反应这么激烈，是因为已经太久没有上体育课了，一直以来，音乐课、美术课、体育课大都被三大科占用了。我们最喜欢上的体育课竟然也成了奢望。我们忍无可忍，不留个人痕迹地写字条压在讲台桌上不起效果后，我们就向学校的意见箱投了好几封联名意见信，学校领导终于在本周周一的升旗仪式上发话了，不许占用体音美！校长的这一句祈使句在我们同学的心中无限地膨胀，极度地扩大，最后混响成如同一声春雷般的巨响。以至于因为今天下午第三节课就有一节体育课，这可是春雷后的第一节体育课，有些同学在下午上学进教室时，就兴奋得直拍墙壁。

汪老师在走廊上与体育教师小声嘀咕几句后就径直走进教室，一脸的严肃和威风。

"自己做练习或者读书，我在七班上课，待会儿我会过来的。"

这就是所谓的"室内体育课"，其实就是自习课，练习课！一直就是这样地在复制！

窗外，高大的泡桐站在雨中，几只斑雀在树杈间跳上跳下，用短喙疏理着各自的羽毛。可真羡慕它们，连雨天都可以在外边嬉戏撒野。

一阵冷风从窗外袭来，我便想起了昨天刚教的《茅屋为秋风所破歌》，"八月秋高风怒号，卷我屋上三重茅……"我不由自主地默背起来，刚背完第一段，不觉苦笑，我想偷闲领略一番窗外的雨景，怎么就背起课文来了呢？我摇摇头，试图甩掉一切有关学习的东西。又一阵冷风吹来，脑海中自然浮现起一连串的文字：影响我国的冬季风主要来自北方严寒的西伯利亚和蒙古一带，冬季风带来的气流寒冷干燥……我使劲地甩甩头，自叹一声，我是不是已变成了一台读书机器？

汪老师不知什么时候进来了又出去了，因为她在上七班的课，为了不浪费我们的体育课，就勤快地两头跑。这不，悄悄地，她走了，正如她悄悄地来，她悄悄地离去，只留下一黑板的试题。

我转向窗外继续看雨，看着那雨滴接连落下，犹如无数条丝线垂挂下来，便又想起物理学中对这种现象的解释：这只是一种视觉现象，即人眼的视觉暂留现象，当眼前的物体消失后，物体还会在眼里停留0.1秒……

猛醒过来，我们的美感哪里去了？思绪凝固了，我沉默了。

我这才发现，其实，我怎么也走不出沉重的学业早就为我画好的那个圈。

铃声又响了，教室里又活跃起来了，我刚回转过头，发现不知何时汪老师已站在讲台前，说："好，现在我来讲评几道题。"放学前又要拖课了，我的心一下子又滑落千丈。

窗外下着雨，我的心，也有雨点在滴落。

教室里，无数雨点滴落的声音滴答作响……

遗失的美好

相亦心

夏日的风若有似无地吹着，单车摇摇晃晃地划下一道轨迹，带起我那记忆深处的声音。

"破铜——烂铁——旧锑煲哩——"

合辙押韵的吆喝声，是留在记忆深处最具特色的韵调。他们喊的是乡下方言，我似懂非懂，只知道听到这好玩的叫声也跟着喊上几句，而这时外婆总是很生气，她总说我，以后长大了是不是也想这么没出息，去收破烂。可是外婆不在的时候，我总是站在阳台上出神地望着远方，等待着那有着浓烈的粤西色彩的声音，那带着点儿粤剧味道的吆喝声。

一辆三轮车摇摇晃晃的从远处的强光中，渐渐清晰地走出来。那嘹亮的声音已先他而到，"报纸——杂志——破鞋底——"。那奇怪的字眼儿，像一句怪里怪气的外文歌。我低头嗤嗤地笑了起来，他更近了一些，声音变得更大了，而我有样学样地也叫一声，"破铜——烂铁——旧锑煲——报纸——杂志——旧鞋底——"他犀利的眼睛向上一扫，我吓得低头一躲，一记闷响，头就磕到了窗沿上，痛得我眼泪直冒，却含着眼泪龇牙咧嘴地笑开了。

收破烂的大叔刚消失在路的尽头，耳边就又响起了"豆花咯——凉粉草嘞——"

我在楼上一听，鞋子都来不及换，踢踢踏踏地冲下楼了，生怕去迟一点儿就赶不上了。一到楼下，上气不接下气地说了一个数目，卖豆花的阿姨先是一愣，然后眉开眼笑地打开单车左边的锅盖，一阵清淡的黄豆香扑鼻而来。风吹过，米黄色的豆花微微泛起粼波，柔嫩的在风中颤抖，阿姨用一只银白色蚌壳轻柔地舀起一壳柔软，阳光折射过来，泛起软软的温柔光芒，我情不自禁地说："真是靓啊！"阿姨看着我的眼睛，真挚羞怯地笑了。

阿姨转向另一边，打开单车右边的装着凉粉草的盒子，深深的墨青色，用一把充满农家味道的木勺舀起一勺，在勺上晃动的是夏天才有的诗意。风柔软地抚过木勺上的凉粉草，墨青色的凉粉草也给予最柔软的回应，而那清幽的草香和木香，柔柔的混在一起，轻悄地钻进我的鼻子里，忽然感觉像是站在那辽阔广远的草原上，萦绕在鼻尖的是夏天专属的味道。

在接过豆花和凉粉草的时候，阿姨将一块硬物塞进我的手心，我打开一看，是一枚小贝壳，有清晰漂亮的纹路，以及和凉粉草一样的墨青色，诗意而浪漫。

来到深圳，也吃过深圳的凉粉和豆花。豆花依旧是那米黄色，只是少了那一股子扑鼻而来的豆香；依旧嫩滑的泛着粼光，只是入口时却发现那是滑石灰的效果。当凉粉少了个草字的时候，也就不再是那美丽的墨青色了，成了浓墨似的黑色，吃起来都是劣质糖和防腐剂的味道。而那枚泛着与凉粉草相同颜色的贝壳却被我遗失在搬家的途中。

而那句吆喝和那些夏天里的青草香和木香，再也找不回来了……

小淡，你在听吗？

林淑莹

> 我们总会习惯一个人，习惯一件事，那件事是促膝谈心，那个人是宿世知己。
>
> ——题记

今天的我已忘了昨天的温度，也忘了再去问为什么，你已远走，唯留下地平线上你的背影，只有让我继续一无所知，我才不会无所适从——关于你的改变。

有段时间，几乎忘了自己是疯丫头，每天循规蹈矩地踩单车回家，按部就班地留在题海里，规规矩矩地坐在教室的最前排接受老师口水的滋润；没了和朋友打闹的场面，没了欢声笑语的氛围，看到教室角落里那一套空荡荡的桌椅，我想起了小淡。

有一天小淡忽然问我："为什么我还活着？"我迟疑了半天，缓不过神来。她接着说："因为我还不够沉默。"我说："为什么？"她敲了我脑袋一下，"笨啊，不在沉默中死亡，就在……"我瞄了她一眼，之后两人一起笑了，她的眼角不再像以前那样眯成一条线，她只是浅笑，有点儿假。我想告诉她，小淡，你的笑容令人心疼，但我还是咽了回去，微笑后抬头看黑板潦草的板书。窗外传来上体育课的喧闹声，我轻轻说，久违了。

期末考了，整个世界亦安静了许多，我对小淡说："这里的日子静悄悄的。"她露出苦笑的表情，我问她："怎么啦？"她摇头，说："谁也阻止不了我的梦想。"语气有点儿强硬，让人心惊胆战，真害怕她爆发了……

累了三天四夜终于忙完了所有的考试。小淡说："我们去操场那边。"然后拉起我的手，两人向操场那边狂奔……

我喘着粗气，说："我们好久没这样了。"

小淡说："我们就静静地，好吗？"

我"哦"了一声，不敢说什么。

小淡依偎在我的后背，彼此沉默不语。我转过头，看到背影消瘦的小淡，最终有所感悟，世上最难读懂的，不是人心而是背影。她又恢复以前的沉默，凝望天空的她想到了些什么呢，猜不透。我只是静静地转回头，望着前面在强劲的西风中拼命摇曳的梧桐枝干，我的思绪被摇到了两年前的某些片段……

那是梧桐叶凋零的日子，总令那些狂妄不羁的人有种想跟树叶在半空中跳旋转舞的冲动，于是我们这些疯丫头聚集在一起不把这世界搞个天翻地覆不罢休，谁也不曾留心那个喜欢坐在梧桐树下小心翼翼收藏着心事的小淡。当我看到小淡在跑道上跌倒后，流露出无助的眼神时，才发觉是我们忽略了她。我的心一沉，跑向前，伸出手，摊开手心，说："小淡，来！"

淡淡的年年岁岁，淡淡的朝朝暮暮，平淡如水的生活多了一个小淡陪伴在我左右，我成为她无话不说的好朋友。她告诉我，想像我那样快乐地生活着。她一直想上重点高中，但她成绩平平，家境又不好。她一直生活在自卑的世界里……

我告诉她，要想有让别人抬头看你的理由，你就必须努力。

之后，我帮她补习，和她一起微笑，教她痛痛快快地玩儿，慢慢地，她变了，她开始揣着自信上路，也能和大家打闹成一片了。

"小鸢，放假了，我得去打工了。"小淡突然开口说话，将我从回忆的思绪里拉回来。

"哦，要记得联系，我会想你的。"一放假，她就得出外打工，我已习惯了。

天渐渐暗了下来，迷茫的霓虹灯开始亮起来，我说："小淡，路灯已经照亮回家的方向了。"我伸出手，想牵紧她，她却将手放在口袋里，我的心不免有些失落。

放假的第十六天，终于接到小淡的电话，我说："想我啦？"

她说："不是，这儿招工，你来不？"我想告诉她，小淡，我想念你，但我对着冷冰冰的电话，我说不出口。

从电话那头又传来她那淡漠的声音，她说："我已向学校申请退学，我先打工赚钱后再回去。""我……"还没等我说什么，那头传来寂寞的嘟嘟声，我只能从心底远远问候她，你还好吗？什么时候回来？是什么让你变得如此漠然？生活的压力？现实的冷酷？我不知道，我只想告诉你，小淡，乐观、自信的你才好看。

小淡，我们将携手一同走进重点高中的约定，可能变成泡沫了。但，没关系，我会在那里等你。

小淡，我们常去的那棵梧桐树只剩下一个树桩在苟延残喘，我有点儿心疼，毕竟那是我们友谊的最好见证，如今似乎连它也要远离我了。

小淡，你一直是个让人喜爱的好孩子，只是你懒于掏出口袋里的手去触摸外面的温暖。

小淡，今夜我又想起你了。

闪烁的星星在诉说我的心声，小淡，你在听吗？

那 支 桨

张锡璐

有人说，往事就像星星一样，在深邃的天空中闪闪发光。我摇着江南水乡特有的木桨，伴着夏夜阵阵清凉的风，驶入茂密的芦苇丛。空气中氤氲着水草特有的清香。我闭上眼睛，往事近了，近了。

今晚没有星星。

我轻轻一拨那细腻的芦苇，无数萤火虫跌跌撞撞地闯出来，散发出幽灵一般的光。颇有点儿星星的味道。

小时候，和哥哥每人坐在船头的一端，将脚丫子浸入凉丝丝的水中。哥哥喜欢折下芦苇，当作口哨一般地吹，母亲则一边摇着船橹，一边和着哥哥的调儿，轻声哼唱小曲儿。母亲的声音真好听，轻轻荡漾在水面，泛起一圈小晕儿。"哥，我要星星。""嗯，行，等哥长高了给你摘。"

哥和我是毫无血缘关系的。我明白，哥也明白，只是他不愿意说出来。他怕给我的伤害，比坦白痛多了。

我们没有父亲。从小到大，哥和母亲便是我的守护神，他们的质朴、善良，为我的心灵点燃了一盏明灯。

家门口有一条河，河不深，只到哥的小腿肚。哥把裤筒卷得高高的，蹲下身，背起我，每次都小心翼翼地探步下去，仿佛他背的，是整个世界。

学校离家很远。之所以说它远，并不是路程长，也不是路难走，只是要经过胖二虎的家。他是镇上的小恶霸，他的父亲与镇长是世交，却一点儿没有镇长叔叔的和蔼可亲，见谁都是腆个将军肚，指手画脚的。于是胖二虎效仿了他的父亲，镇上的孩子都怕他。

他和哥的仇很深。原因只有一个，哥不怕他。

每天，他都站在家门口，插着腰，横叉开腿，斜着眼，仿佛专门等我们的样子。

我与哥不同，内心是相当恐惧的。每当这时，哥总是用手护住我，然后桀骜不驯地盯着胖二虎，眼神冷得像块冰。唯有这时，我才会发现哥哥那笑呵呵的面容，瞬间转变成拒人以千里之外的冰冷。

胖二虎显然也被激怒了。"没爹的孩子！"他恶狠狠地说了一句。哥的拳头攥紧了。他显然不罢休，又指着我吼道："你呢，既没有爹要，又没娘疼的小可怜！"这句话显然触及到了哥的某根神经，就一下子扑了过去……

我的哭声响彻大空。

母亲来了，校长来了，许多大人孩子都来了。

哥不能上学了，我也不愿再去上学。

于是，我们每天都划着木船，去芦苇荡采些芦苇，然后编成工艺品，随母亲去镇上卖。至今，我还记得那木橹摇摆的声音，一声一声的，让我有些心疼。

母亲，哥，木船，桨，芦苇，构成了我童年所有的回忆。

后来母亲还是决定让我上学。

她把我送到大都市的福利院，告诉我，很快就会有人来接我，我很快就可以上学了。母亲的声音很柔，很轻，我却什么也没听见。

哥没有来，理由我知道。

我没有哭。从一开始，命运就是安排好的。教会我第一支舞的人，却总也不会陪我跳完所有的舞蹈。

母亲和哥从此没了消息。

……

天空还是那么安静。我睁开眼，空气中芦苇的味道依旧。

我知道，此刻，我正躲在某一时间，回味一段时光的掌纹；躲在某一地方，回味一些站在来路也站在去路，让我牵挂的事。

只是让我回味的人，是否还在？

回味练书法的日子

常 青

春暖花开，看姐姐吹熄了二十支蜡烛，听她说，"外婆，是最最疼爱我的人……"

她是在回味青春吧？而我呢，却想起了童年。太小太少的回忆中，味道却那么浓烈，刺鼻。化不开，怎么也化不开……

书法是颗酸酸的果

我毫不犹豫地想写书法。它于我，印象太深，就像刻在石头上永不风化的字。

每天放学后，我背着小书包跟在面容严峻的父亲后面，看他将毛毡铺在黑色的饭桌上，把"一得阁"的墨汁挤在四方砚台内，然后用比大拇指还粗的毛笔蘸墨。那时的我总是怨他，无论多白的毛笔，用了一次就再也不能像原来一样了。人家都说，人老了，头发都变白变稀；可我那又粗又重的毛笔，用的时间越长，便越是黑，而且由于洗的次数增多，笔头越发膨胀，犹如家里墙角边长时间睡觉的扫把，不被理睬与喜欢。

我还可怜墨汁。冬天它想睡觉，可父亲总是设法把它吵醒，又是拍，又是打，生气时还骂骂咧咧的，浇上一点儿开水，强行使它融化，化成一摊水。深深的色，浓浓的味，是它的泪与血，是它的无奈与伤悲。

愚笨的毛笔心痛地踮一踮脚尖，吸收，喝饱了就开始书写，写心酸——墨与自己的。

无论是毛毡、砚台、墨汁，还是毛笔，都不会说话，只是用沉默来祭奠从前。我尝着，像颗酸酸的果。

书法是碗咸咸的汤

开始写是连哄带骗的，可日子一久，父亲就显现了"庐山真面目"：对我是以打为菜，以骂为饭，偶尔加碗眼泪汤。而且这种日子，一过就是八年。

记忆犹新的是第二次上课回来。我小心翼翼地写，生怕出现一丁点儿错误（第一次课之后的一个星期，我练就了忍受与恐惧）。那天我在写"中"这个字。"中"字，意在学习"垂露竖"。那天夕阳很美，照在我微黄而粗糙的练习纸上，每一个字都显得那么清晰。父亲心情不错，看那"中"字写得不大好，只蹙了蹙眉头。我见他脸色突变，很天真地说："我知道这一竖要写直了，最后顿一顿再收笔。"父亲没有笑，只是点了点头。我悬着的心放下了，继续书写。可接连的几个字，我都没能写好。极度的恐慌之下，我低着头，手中的笔有些颤抖，耳边父亲的呵斥令我心惊。已记不清他说了些什么，因为那些句子都被泛滥的泪冲走了，剩下的只有一记响亮的耳光，留在脸上，还有心坎。

泪水，倾泻而下。我抿一口，原来是碗咸咸的汤。

书法是粒甜甜的糖

这一段像电影中那一小部分的喜悦，俗套却总不能被删去。

我获奖了，不是一个，而是一捆。说奖状、证书像碎纸片，绝不是吹牛。可最叫人高兴的，却是小小的一个信封，里面是稿费。当幼儿园的老师把它交给我时，我发现了同学们赞叹的目光，和分享快乐的笑容。晚上，花自己的钱去KFC买了最小的汉堡，心情却已超值。

那天的汉堡，味道很好。我大咬一口，因为庆祝，所以甜蜜，宛然一粒乳白色的奶糖，恬淡，醇香。

书法是把苦苦的豆

习字，终究是苦的。夏日的汗流浃背，春日的苦苦煎熬，冬天的手指哆嗦，秋天的叹息扼腕……为了书法，我收获了很多，却失去了玩耍的空闲；我珍藏着成熟，却把稚嫩早早地交给了时间。

吃多了苦苦的豆，抓起一把，竟有莫名的充实感与微甜。

仍记得《天使爱美丽》中，那盒卧在墙角被藏起的玻璃球。我的记忆，也在一个突然的瞬间被打开，盒子里一支支像父亲头发一般黑白交错的毛笔，苍老而坚韧地写下童年，写下酸咸甜苦，写下对女儿独特的爱。

好生·差生

张曼云

坐在学校的葡萄长廊下，阳光被浓密的绿叶切成碎碎的光点洒在手里刚发下来的试卷上，脑中像是有胶片，吱呀地不停回放刚才的画面——

我失神地望着黑板，笔在试卷上游走，机械地抄着那些明明懂却一考就错的演算过程。我觉得教室里有种压抑的气氛，仿佛什么东西都会在我的心上重重地撞一下再嚣张地逃开，我丢下笔。

同桌是个心宽体胖的男生，"你们好学生一次考不好就这样，那我就别活了。""我才不是好学生！"我狠狠揪起试卷，跑到了长廊下。

蝉鸣得聒噪，我恨不得把蝉——那些盲目乐观的无聊生物全逮住扔到水里去！

一个女孩儿轻盈的身影飘到我的面前，是好朋友小凝！"发生什么啦？还没见过你那么深沉呢！"我默默地握紧试卷，"没事，考砸了而已。"

手上的试卷被她抽走了，"85啊！你比我厉害多了！想好一点儿嘛。"我没回答，低着头盯着地砖被乱七八糟的色块拼成的落寞样。

"你一次考不好就这样了，那我们别活了。"她轻轻地说。那句"我们"刺得我耳膜生疼。

"什么你们我们的？"我希望是自己理解错了。

"你们是老师心目中的好学生，而我们是差学生啊！"她说得漫不经心，白皙的脸上满是让我感到陌生的神气。

也许是看我不相信，她咧咧嘴，脚尖一下一下地踢着石子："你不知道，老师对待我和你是不一样的。"话中有一种忧伤和无奈。

"小凝回来复习！还有时间玩！"老师在教室里大喊道。"来了！"小凝应了声，低着头跑回教室。望着她的背影，我也站起来，慢悠悠地晃回了教室。

老师把我叫到办公室里，语重心长地说："快期中考了，要把心放在学习上！"我"嗯"了一声。"还有，别老是和小凝她们泡在一块儿……"我的心掉进了冰窖，老师的话像冷风一样掠过心头。"为什么？"

老师愣了一下，脸上掠过一丝尴尬，"毕竟她们，成绩不怎么好，是吧？你的成绩又有点儿下降，或许是她们影响了吧？"老师像是找到了我成绩下降的理由，挥挥手："你回去上课吧，认真听啊！"

"哦！"我逃跑似的走出了压抑的办公室，不小心，撞到了门口的一个人，抬头一看，是小凝。

回到教室，班长说："你别难过了，你成绩那么好，偶尔失误不用担心的！"同桌又附和道："就是就是，看看我，心情好了什么都好了。"周围一片笑声。

我笑不出来，脑中一遍一遍地过着老师的话。穿过人群，我看到小凝正闷闷地走进教室，眼角湿湿的。没有人注意到她！

我想走过去，可最终还是没有去……

八月的天空没有雨

杨　婷

　　风很大。我趴在桌子上。补习班的门被人用凳子抵着。突然一阵风呼啸而来，凳子被掀翻在地，随即门砰的一声关上，把正要进来的物理老师挡在外面。教室里响起一片笑声。这便是难得的乐趣吧，我想。

　　也不知过了多久，老师的一声"下课"，终于解救了在题海中快要溺水的我。我抓起背包出了教室，看到有点儿沉的天空，阳光从单调的颜色中迸发出来。看来今天是不会下雨了。我轻轻地说，背包里的雨伞，你又要寂寞了。

　　顶着大风回到家，不经意间发现花盆里的花草耷拉着脑袋，半闭着眼睛，好像奄奄一息了。

　　索然无味的假期，让人感觉像雨前的天空，沉闷而压抑。干巴巴的空气里，弥漫着快要把我吞噬掉的慵懒。本来说好要来的雨，又失约了。

　　开始期盼雨的到来。期盼一场雨，滋润寂寞的雨伞，以及奄奄一息的花。我更希望，它能滋润我充满渴望的心。

　　只好，让思绪在记忆里，捕捉雨的味道。

　　多么喜欢八月的雨。我在连绵阴雨中，开始天马行空的想象——善良的天使俯瞰人间，发现有谁没得到应得的礼物，就从口袋里掏出一把神奇的豆豆，送给那个人。撒下的豆豆化作雨点，乘着降落伞来到人间。于是，那个得到天使馈赠的人，一定会快乐起来……

在下雨的时候，我总是和同学们一起回家。我们一路的欢声笑语，浸染在雨水中，变成好看的淡蓝色。有时我们忘了带雨具，就飞快地骑自行车，不时发出夸张的叫声，满地都是来不及捡拾的快乐。而每次走进家里，爸总是习惯性地问：淋湿了没？如果衣服湿了，妈就略带生气地叫我赶快换……

心霎时变得温暖起来。

阳光拍打着窗户，告诉我今天一滴雨也没有下。涌动的风依旧沉默。可我想，八月的天空下，就算少了雨的滋润，也永远不会缺少亲情和友谊的滋养。如果在以后某个被雨洗礼的路上，那关于天使的想象，天使的馈赠，其实是亲情和友谊——那才是我雨天快乐的源泉。只是，粗心的我忽略了它，忽略了不管天气如何都会陪伴着我的亲人和朋友，而自寻烦恼。

是他们让我感到快乐，就连那雨，也被赋予温情的力量。

八月的天空没有雨，依然没有雨。但我的心却如下过雨般澄明……

逆　流

张默

幸福的步道总是那么短，我可不可以赖着不走，任时光逆流。

——题记

1

翻新的街道，愈亮愈远的路灯，斑驳陆离的招牌，在雨天里狡黠地戏弄路人的地砖。我途经事物的轮廓都安静地看着我上学，沉默地看着我放学。转角的那盏路灯，它听过我唱歌，知道我为何落寞，却永远地只能看我的影子一点一点拉长而后被湮没。

不知道为什么一提笔总会想起这些琐碎得近乎被遗忘的细节，尽管我并不属于那类细腻的女子，却一直都像活在微观的分子结构里。记忆是一块压缩饼干，三分钟的温暖，便会毫无保留地膨胀开来。

我记得幼儿园在滑梯上和谁打过架；三年级时一起在走廊上罚站的男孩儿；每个周一早上用来补作业的乒乓球台。小学那块烧饼大的操场已经被新建的教学楼封得严严实实，空地上的草叶也是崭新的模样，门口卖臭豆腐的老头换了摊位，白了发鬓。我悲哀地发现老头子都这么老了。

从前的老爸英姿飒爽地剃个光头在人潮繁涌的路口"被"我弄丢，我仍记得他逆着人流回头张望的样子。时隔多年，我依然喜欢用挑逗的语气说起我们那第一次远行，说起他还带我上错了火车的损事，惹起他一脸花枝招展的皱纹。

老爸说我小时候就是个钱串子，摸摸我的头就要给五毛，而后伸出手来弄我的刘海，我说老爸你染过的头发还不如光头青春。

2

书上说饥饿的时候记忆力会很好，那么我现在吃得太饱，会不会又忘掉许多。

我托着肉肉的下巴想着买彩票那档子事，东东说中了大奖不要忘了他。怎么会呢？反正记住一个人又不用花钱……

东东发来短信说他正在去往芜湖的火车上，我忽而有些怅然。也许他正享受着归乡的愉悦，可我依旧窝在这城不算城乡不算乡的地方形单影只地沉溺孤独。

3

正看着电视，老妈忽然想起她曾有过一个用来绣花的竹绷，而事实上老妈的针线活远远不及老爸。我甚至想象得出当年她怎样花大把的工夫绣出姥姥不疼舅舅不爱的图案，却连套被都还不会。

4

手中细磨砂的咖啡壶把苦涩与兴奋毫无冲突地调制、焙浓，最终煮成气泡形态的香醇口感。

生活就像咖啡，需细细地煮透，慢慢品尝它渐凉递进的味道。倘若一饮而尽，舌根久久地发苦，便会一下子对它失却了依赖与甜蜜的憧幻。

5

我的手表一个小时就恬不知耻地慢上五分钟，时间就像在温水里泡过，浑然不觉中让人在安逸的状态潜移默化地腐朽，最终迷失了自我。

就像现如今我走走停停的生活状态，从没有一个明确的开始，混沌中醒来，手忙脚乱地关掉闹钟，脚忙手乱地冲进厕所。每天倒带一般地重复着，循序渐进的过程。从早晨到夜间，如同生物进化一样，从蓝藻到猴子，毋庸置疑。

6

谁在一旁耻笑我肚子里装点儿不饱和墨水就在这里啰里啰唆地胡说八道，我尝试着从微观的视角去解读出颇具风格的黑色幽默，就像菜市场阿姨为了两角八分也要一鼓作气地砍价到底的那种生活艺术。

7

那天我很弱智地跑到水果摊前指着一颗榴梿对老板说："让我闻一下。"老板笑得很仁慈说你闻吧，我忽而有些莫名的感动。

东东习以为常不交税地叫着我小屁孩儿，却没告诉过我还能孩子多久。也许吧，幼稚的尽头未必是幼稚，没必要把生活过得丁是丁卯是卯。

赴一场光阴的邂逅

8

总喜欢把很多完全搭不上调的事物凑在一块，颇有在意大利面上浇几圈小磨麻油固执的味道。所以每次都南辕北辙地当成了碎碎念来写，似乎完全没有了导向，但总离不开生活。

也许是因为在这个圈里待得太久，渐渐被磨光天性的棱角。时过境迁，等待在季节里的容颜也凋零了岁月的轮廓。

9

难免会有莫名其妙的孤独，无可奈何的遗忘。这世界太大，角色太多，我早已不记得在岁月的深处又邂逅了哪些人，忘却了哪些事，一切都循规蹈矩，井然有序。该开心的时候有了微笑，该伤感的时候有了眼泪，该相信的时候有了信仰。

10

自称是"三无伪海归"的秦奋在征婚广告上如是说：心眼儿别太多，岁数别太小，会叠衣服，每次洗完后烫平，叠得都跟商店里买回来的一样。

最终秦奋用真诚换来了幸福，我赞赏他对人生的诚恳，把幸福变得如此简单，简单得像颗洋葱，一层一层地剥开，会让人流泪。

11

这雨马不停蹄地下着，丝毫不理会我没完没了的断想，闹钟响起时我还在疑惑此时此刻的我是刚醒还是没睡，管它呢？还有力气关掉闹钟那就证明我还活着。

12

　　生活以它的姿态滑翔着，而我仍旧在豪情万丈地活得乱七八糟，蹉跎中渐渐认清了自己的位置，也许对这个世界而言，没有谁是不可或缺的，但对我而言，每一个你都是我的整个世界。

赴一场光阴的邂逅

就这样生活着

陈　颖

一个天刚蒙蒙亮的早晨，就这样莫名其妙地醒来了。起来的时候因为没有穿拖鞋，所以只好踮着脚尖儿，龇牙咧嘴地与冰冷的地板接触。披头散发地冲进浴室，开热水洗澡。然后浑身带着暖洋洋的湿气哼着歌去冲一杯热奶茶。三分之二的水，再加上三分之一的牛奶，勺子左三圈右三圈地转动着，敲击发出叮叮咚咚的声响，直到把奶茶搅拌成好看的棕色才心满意足地捂住杯子一口一口喝起来，好像这个意外醒来的早晨，带着一点儿莫名的幸福和温和的味道。

自己从来就是这么一个在意细节的人，喜欢说一些女孩子之间的细细叨叨。好像那是一个阳光充沛的午后，在窗外吹着凉风，忽然想起看过的一个心理测试，于是便兴奋地说给好友听。原来就只有我和她两个人坐在那里，可是不知不觉间就围起了一大圈女生，都一脸好奇地听我说那个测试。于是我只好不停地重复，然后一遍又一遍地告诉她们答案的含义。没有厌烦，我甚至变得感动起来，在那个靠着窗的位置，她们的快乐在阳光下无处遁形，掩不住地飞扬。我忽然想从这里开始奔跑，一直跑到海边，在头发上插一朵雏菊。让海水漫过脚背，然后用尽力气地唱歌。

安静的午后，像海水一样的潮湿，像雏菊一样的明媚。

安闲下来的时候会做三件事，看书、看碟、听歌。我时常蜷缩在大大的沙发里看些喜欢的小说。累了就往耳朵里塞耳机，什么歌都听，让耳朵里塞满震天的声响。家里影碟很多，时常都是我走在路上一时兴起买下来，然后就随便一放，看的时候才急急地找。有很多个下午就把头这么倚在抱枕上，感受着阳光暖暖地从肩膀移到脚背，慢慢地变冷，这个时候从早已陷下一小块的沙发上起来，才发现脚已经麻了，又嗷嗷叫着跌回去，在那里呼天抢地地揉着脚趾。

很喜欢把时间这样地大把挥霍，播放器的计时器一秒一秒地变化着，我看见了时光在流动的样子，安静地，在我身边旋转，然后快速地向天空飞去，只有一团模糊的影子。留下来的只有太阳那一种焦焦的味道，好像时间般若有若无。

不知从什么时候起，我开始频繁地做梦。每天晚上，每一个梦结束，我也许就会醒过来，摸索着到厨房找水喝，然后就不想再睡，坐在沙发上看着一盏有暗色光芒的夜灯发呆。第二天发现自己不知道什么时候睡着了，脖子僵硬得都不能动。爸妈都还没起来，他们从来不知道我会半夜醒来。我就这么仰着脖子回想昨晚的梦境，时常想着想着就一个人笑起来。低低的笑声，带着一点儿早晨刚醒来的沙哑，然后怀着这个小秘密睡到自己床上去，等待妈妈来喊我起床。拥有着一个人的秘密，好像小飞侠衣袋里薄荷叶的清甜，狡黠又天真。

就这么生活着，经常做梦，没来由地笑，张牙舞爪地和朋友抢一只苹果，原形毕露，可是我的生活就是这样，像你所看到的散发着不同的味道，甜蜜的，清新的，柔和的，曼妙的。我做着梦，又好像原本就生活在梦里，浅浅的睡眠淡淡地散发着生活的味道，是梦境与我为邻。

自 命 题

张 默

感　冒

东东一个接一个地打着喷嚏，我数得乐此不疲，可怜那小子撕光了我的卫生纸感冒就好了，我百感交集地哀叹："灰太狼进耗子洞，不拿自己当外人了还！"说完我狠狠地白他一眼，觉得瞅够本了，眼珠子差点儿没转回来。

其实，都是些有的没的，码成字，也就这么回事儿。

正是因为有了太多的条条框框不能与不许，所以我们时常感到压抑。有什么了不起？何必头疼脑热就拿自己当"H1N1"，活得太累，不靠谱。我时常义愤填膺、慷慨激昂地准备发表演讲，却都在开头"I have a dream"的冒号之后被扼杀在摇篮里。玄子拿我当高尔夫，恨不得给甩到北冰洋。他常常幻想把我送北大荒接受再教育去，其实他要是愿意把火车票给报了，我早就成全他了。

谁谁狐疑满腹地问道太阳为什么打东边出来，我笑了，其实并不好笑。这也许跟感冒了就不能打疫苗一样一样的吧，我们终归是要活在这被操纵的世界，欲罢不能。

老 电 影

长胶片，老电影。黑与白的鲜明节奏，简单却强烈。

真正的老电影，不用声音也可以将情节完美展现，大概是缘于我常在家偷看电视把音量调到最小日积月累地参悟出的结果吧（这倒是其次，主要原因还是央视6套的原声版电影凭我这三脚猫的英语水平听起来还是有一定难度系数的）。完整地看完一部电影，就像看到一个被压缩了的时代掰开、揉碎在你面前，岁月有了一瞬的倒流，这种感觉，算作一次幻妙的旅行，所以让我有种偏执的热爱。

表 情

从小就害怕看见有人哭泣，害怕悲伤会逆流成河，掩住我的鼻息，让我缺氧。

那女孩儿在哭，一脸斑驳的妆，让我莫名有种嗤之以鼻，不是我太漠然，而是深恶她们老练地拿捏cute的表情，一个电眼也当成核武器。我真的不想看到那么多纯真的脸过早掩埋在虚伪里，青春毫无光彩地开过荼蘼。我们只需要做一块璞玉，贵于本真，没必要让自己活得那么隐忍。

刚刚接触到萨顶顶的歌，像西藏的天空，干净得可以像天堂一样。曲调飘逸而微带张扬，肆意而原始的声音让我对她顶礼膜拜。

Ball哲学

酝酿已久的母亲节礼物把老妈的皱纹都乐得更清晰了，我倍儿自豪地跟老妈说："看，我都比你高了。"老妈忽而很担心地感慨："等我和你爸老了，你要还这么孝顺就好了，现在就一个孩子，这一注彩票中不了，那明个老得动不了，想喝西北风还得看天气预报。"我说："妈你数学没学好，孩子多了还不得把你们当足球踢，你们就指望我一个，是要把你们当橄榄球抱着的。"

结果你猜怎样？这句话在十里八乡算不上，反正老妈是在菜市场拽到个还指不定熟不熟的人也要传唱一遍，呵呵，足足让我在母亲节以后的N天里小日子过得春风得意的。

关　于

呀呼哩啪啪——

我说，谁教的来着，管它呢，反正要把你变胡萝卜。

在动画片里捡着小屁孩儿的快乐，无论是关于哪一类人或事物，对我的人生总是幸福的铺垫，所以我会在防震演习上跑得贼快，所以我保留对生活的依恋，像钱小样一般，坚守蚂蚁的幸福。

某一天老去，我们还能对着这一尾青春感怀，和身边的人一起笑了，激起一波鱼尾。挺好的，真的，挺好的。

草莓无关酸与甜。

黄　晓　蕾

从仙湖下山到半道上，发现了草莓园。兴致一起，向主人家要了个篮子，跃入草莓园中。

碧空无云，宽广的草莓园绿意盎然，浓翠的叶片勇敢地张开胸怀，为一颗颗红宝石般的草莓遮阴。拨开细密的叶丛，泛着诱人色泽的草莓乖巧地隐蔽在留有残露的叶丛中，让人不忍采摘。阵阵甜香溢散开来，仿如青春的气息，把人带到心灵那个最柔软的境地。

166

是什么时候开始喜欢望着天空发呆，又是什么时候开始用带锁的日记本？什么时候开始介意自己的体重，又是什么时候喜欢晚自习间隙跑到天台吹夜风？

都说青春时的心事最多，有些等我们长大以后回头看，连自己都会取笑自己的肤浅幼稚。但无论怎样，它们都如一颗颗羞涩的草莓，存在于心灵的原野，永远带着不可捉摸的芳香，诱惑我们回首留恋。

采回来的草莓光鲜亮丽，然而拈起一颗充满期待地放入口中，却并不像想象中的甜美。"咦？一点儿都不甜呢。"妈妈失望地说。我只是淡淡一笑，若无其事地闭上眼，拈起一颗又一颗草莓，吸吮，品味。

想起了《花季雨季》的一个情节，同学们重阳节去登梧桐山，大部分同学跟着老师沿着盘山路上山，但有一部分同学发现了一条崎岖狭窄的小路，隐藏在茂密的丛林中。大家猜树林深处是什么，有人说是桃花源，有人说是闹鬼的墓地。于是大家决定"探险"。道路艰难，有带刺的茎叶和荆棘，须走得小心翼翼。大家累得气喘吁吁，而心头掠过一阵惊喜，到顶了！但忽然又发现，其他同学早已到达了山顶。怀着憧憬与兴奋的心情去摸索，而得到的"草莓"却并不甜，最初或许有一瞬的失落，但随后就是释然吧！因为我们年轻，我们的青春年华必须经过这样一段追求的路程；因为我们年轻，我们不后悔接受这么一枚并不甜美的果实。因为我们享受的是在攀登、奔跑过程中的彷徨、惊喜、坚强、释怀。一路走来的泪与笑，成熟芬芳了的，是我们的情感与心灵。

那就是我们想说的——

青春的旅程上，草莓无关酸与甜。